顺势而为共成长
——中国家长必修课

孙健 著

图书在版编目(CIP)数据

顺势而为共成长:中国家长必修课/孙健著.—西安:西安交通大学出版社,2023.6
ISBN 978-7-5693-3306-0

Ⅰ.①顺… Ⅱ.①孙… Ⅲ.①家庭教育 Ⅳ.①G78

中国国家版本馆CIP数据核字(2023)第119779号

书　　名	顺势而为共成长——中国家长必修课
	SHUNSHIERWEI GONG CHENGZHANG——ZHONGGUO JIAZHANG BIXIU KE
著　　者	孙　健
责任编辑	祝翠华
责任校对	刘莉萍
封面设计	张曼卿
出版发行	西安交通大学出版社
	(西安市兴庆南路1号　邮政编码710048)
网　　址	http://www.xjtupress.com
电　　话	(029)82668357　82667874(市场营销中心)
	(029)82668315(总编办)
传　　真	(029)82668280
印　　刷	西安五星印刷有限公司
开　　本	720 mm×1000 mm　1/16　印张 9.25　字数 118千字
版次印次	2023年6月第1版　2023年6月第1次印刷
书　　号	ISBN 978-7-5693-3306-0
定　　价	80.00元

如发现印装质量问题,请与本社市场营销中心联系调换。
订购热线:(029)82665248　82665249
投稿热线:(029)82665249
读者信箱:37209887@qq.com

版权所有　侵权必究

推荐序

《顺势而为共成长——中国家长必修课》是一本非常实用的书。作者是一名有责任心、有探索精神、从事多年青少年教育的教师,他从自身的视角出发深入且细致地剖析了青少年的教育问题,希望通过自己的实践案例分析改变家长的思维方式,进而促进孩子的全面发展。本书有丰富的案例,具有较强的参考性和实操性。

《顺势而为共成长——中国家长必修课》也是一本非常独特的书。本书介绍了处理亲子关系的溯源思维、突破性思维、换位思维、顺势思维、复杂思维等五种思维方式,结合具体方法可以有效帮助家长觉察孩子在成长中的微小变化,应对孩子在成长中出现的问题,改善他们对孩子学习和成长的理解与认知,使家长在与老师等教育者共同探索孩子成长和社会化的过程中保持好奇和愉快的心情,并享受这个过程。

《顺势而为共成长——中国家长必修课》还是一本非常专业的书。本书提供了看待青少年教育问题发生和发展的思维角度,以及解决问题的方式和方法等。如果家长和相关教育者都能认真阅读本书、体会本书介绍的思维方式,并在教育实践中主动运用这些思维方式去解决问题,那么我相信,无论是家庭教育还是学校教育都能变得越来越好。

综上所述,这是我本人读过的一本独一无二的、以教育从业者角度对解决青春期前后青少年教育问题有明确贡献的、非常值得细读和参照实践的好书。书中在看待青少年教育问题的发生和发展、考虑问题的思维角度,以及解决问题的方式和方法等方面都提供了非常丰富和操作性较强的参考借鉴。虽然涉及的知识面略有些广泛,但还是一本不错且相对易读、易懂的书。

梅 建

中国心理学会常务副秘书长

自序

我曾帮助过很多家长解决孩子的教育问题,但在问题最终被解决后,他们往往发现其根本原因令人匪夷所思。比如:

● 为什么小琴的母亲一改以往的风格,开始在下班后做饭、拖地、刷马桶后不久,小琴的学习态度以及和同学的关系都得以改善?

● 为什么小梅的舅舅在老家盖了新房子后不久,小梅的学习成绩从班级的中等进步到前三名呢?

这些事情之间看起来似乎风马牛不相及,但仔细分析后就会发现,其中存在着千丝万缕的确定性关联。这两个孩子的进步都是在教育资源没有改变的条件下发生的,更难得的是,她们的改变都具有持续性和稳定性,也就是说,后来她们就这么一直向积极的方向发展下去了。

我从小就喜欢思考事情之间复杂的作用关系,在高中时曾向一位关系很好的女同学的父母中肯地表达了我对这位同学未来的担忧,并希望其父母在教育她时做出一些调整。当时她成绩非常好(高一时的成绩一直都是班里前三名),且在大人看来,当时的我也只是个孩子,所以他们自然就忽略了我的提醒。遗憾的是,到了高考时,这位同学的成绩位居我们班的第 40 位左右。而且,她在后来的大学生活、工作乃至婚姻中,处处都不顺。

我在读研究生期间,曾顶着巨大压力,在不被对方父母理解的情况下,孤注一掷地用我自己的方式帮助一位因沉迷网游且挂科留级、后来又因多次挂科而被学校屡次劝退的师弟找回自信,最终通过了所有考试、顺利毕业,并进入全球500强的企业工作。可以说,是我的坚持改写了他的命运。

硕士毕业后,我在13年的教学工作中,不断地对自己以及周围人的成长经历与目前状态的关联进行反思,并对多种流派的教育理论进行研究与实践,我认为教育是典型的复杂问题,孩子成长过程中经历的一些看起来微不足道的事情可能会随着时间的推移而对其造成较大的影响,甚至有时看起来八竿子打不着的两件事之间可能存在着某种千丝万缕的关系。基于这些个人经验,我初步地建立起自己对家庭教育问题的认知体系。

也许你已经知道不少教育孩子的方法,但一旦用到自己孩子身上,就会觉得要么只能解决眼前的问题,要么根本不起什么作用。是方法本身出了问题,还是自己的做法出了问题呢?

忙碌的生活节奏使人们无瑕顾及太多。我们经常在遇到问题时,首先想到的是针对问题本身寻找解决方案,但新问题又会不断地出现,因此我们只能一个问题一个问题地去解决,长此以往令人身心疲惫。这是因为,问题虽然解决了,但是引发问题的根本原因却没有改变,因此后面还会触发相同或与之相似的问题。这就需要我们找出问题的根本原因,从源头解决问题。好消息是,一个孩子身上存在的表面问题或许多种多样,但触发这些问题产生的根本原因往往屈指可数;坏消息是,对于不同家庭的孩子来说,他们教育问题背后的根本原因往往各不相同,他们的父母却只能从媒体上获得相同的家庭教育资源。要想有效地解决孩子的教育问题,就需要父母灵活运用教育方法,根据实际情况寻找问题背后的根本原因。有人可能认为孩子的教育问题是没有规律可循的,只能依赖经验去处理。其实不然。如果我们把媒体上很容易获得的各种方法称为"术",那么指导我们灵活运用这些方法的东西就是"道"。我们虽然无法用一两句话简单地描述清楚"道"的概念,却可以通过这本书找到"道"在家庭教育问题上呈现出的大致规律。

李小龙在练习截拳道时曾有这样的感悟:所学到的东西,也就意味着所失去的东西。也就是说,我们所掌握的知识和技巧都应该被遗忘,虽然学习很重要,但我们不要因此成为答案的奴隶。我们只有消除了对知识和技巧的依赖,才有可能成为知识和技巧的主人,才能保持最佳的身心状态。帮助一个人的最好方式,就是打开他的思维枷锁,突破他的认知局限,让他自己找到答案,而不是直接告诉他答案。直接给对方答案,相当于剥夺了对方思考的权利,那些直接告诉你方法、技巧、答案的老师、书籍或课程都是平庸的。本人作为老师,在课堂上也更喜欢通过提问的方式使学生进入思考的状态,然后再让学生给我答案,从而锻炼学生独立思考的能力。因为他们未来可能遇到各种各样的问题,也许问题与课堂上的例题完全不同,如果他们仅获得了例题的答案,而并非独立思考的能力,可能离开课堂之后,他们不能解决任何实际问题。家庭教育更是如此,再优秀的作者,也不可能写出和你的孩子一模一样的案例。本着这样的原则,本书以打开读者的思维枷锁,突破读者的认知局限,引起读者的主动思考,最终使读者自己找到答案为目的,所以如果你想"躺着不动"从本书中直接找到解决自己孩子教育问题的答案,那本书也许会让你失望。

免责声明

撰写本书不仅是探索养育之道的学习之旅,更是我作为一名教师的成长历程,如果没有那些多年以来鼓励我的家长和孩子,我也不可能从一线教育工作的磨砺中收获良多,这些家庭的故事是本书创作最重要的知识源泉,我在写作过程中也不断地得到他们的教导与启发,我将永远感谢他们。伴随感谢而来的是我应尽的义务。本书案例中的人物及其遭遇均来源于现实生活,由于涉及他们的亲身经历,因此保护这些家庭的隐私与尊严尤为重要。对于书中提及的所有孩子我将使用化名,并且故意混淆他们的身份,增加追踪他们的难度。在此,我恳请本书读者尊重他们的隐私,并保持合理的距离。

目录

第 0 章　丑话先说——家庭教育不是典型的科学……… 1

第 1 章　**溯源思维**……………………………………… 9
　　　从追问开始……………………………………… 10
　　　养育中的"道"与"器"………………………… 15
　　　家庭中的"蝴蝶效应"………………………… 16
　　　从有效的追问中寻找答案……………………… 19

第 2 章　**突破性思维**…………………………………… 23
　　　领域的突破……………………………………… 24
　　　事件的突破……………………………………… 28
　　　突破传统观念…………………………………… 31
　　　突破时间，看到未来…………………………… 34
　　　突破电子产品成瘾的束缚……………………… 36

第 3 章　**换位思维**……………………………………… 43
　　　钻进孩子的爱好里……………………………… 44
　　　价值观的换位…………………………………… 47
　　　探索孩子的善良动机…………………………… 54
　　　了解孩子的心理需求…………………………… 61

第 4 章　顺势思维 ··· 66
　　顺应孩子的共性 ·· 66
　　顺应孩子的个性 ·· 69

第 5 章　复杂思维 ··· 77
　　家庭教育是一个复杂问题 ···································· 77
　　分析复杂问题 ·· 81
　　解决孩子问题的思维模型 ···································· 89

第 6 章　学习与思考 ··· 113
　　感性的学习 ·· 114
　　理性的思考 ·· 127

后记 ·· 133

丑话先说
——家庭教育不是典型的科学

如果你想仅通过听几节课程或者看一本书就彻底解决自己孩子的问题,甚至成为一名合格的家庭教育指导师,那事实也许会让你失望。因为不仅是我,而且几乎所有老师或者作者都无法在你拒绝改变认知的前提下,仅凭获取有限信息就能解决孩子的教育问题。

常有家长这样说:"老师,你不用给我讲道理了,你就直接告诉我怎么办吧,我都听你的,都按照你说的去做。"

如果家里的电冰箱发生了故障,假设你手头刚好有一本《冰箱常见故障维修手册》的话,或许你可以对照其内容找到相应的方法,逐步操作,最终冰箱被修复的概率很大。因为电冰箱无论看起来结构有多复杂,其零件数量终归是有限的,其故障涉及的零件数量更是少之又少,只要具备足够的专业知识和耐心,每一种故障的前因后果及发展过程都可以被分析得清清楚楚。如果只把问题表现一致,而且原因和发展过程都完全一致的故障才算作一种故障的话,冰箱除由不可抗力及人为蓄意破坏之外的原因而发生的故障,其数量是有限的,再除去一些罕见发生的故障之后,实际常见故障种类的数量可能远远小于市场销售出去的冰箱个数。所以如果真的出版一本《冰箱常见故障维修手册》这样的书籍,至少对于专业的冰箱维修工人来讲,还是有意义的。

假想中的《冰箱常见故障维修手册》之所以可以被认为是科学的，是因为其具有可重复性，只要是完全相同的故障，无论发生在多少台冰箱上，维修工人都可以按照完全相同的方法将它们修复。然而，这里包含了一个大前提，就是至少要存在两个完全一样故障的冰箱。可是，任何一位有责任心的教育工作者都明白，世界上不存在完全相同的两个孩子，这里的"完全相同"指的不仅是表现症状也包含发展过程的每一步。

无论从"两个铁球同时落地"到"杨氏双缝干涉实验"，还是从"光电效应"到"量子纠缠效应"，任何科学发现都是建立在可重复性的基础上的。也就是说，某科学家说自己发现了一个科学现象，要想让科学界接受这个论断，其首要前提是这个实验可以被不断重复地进行测试，而且重复进行测试的前提是在几乎完全相同的条件下。然而，这些条件往往只有在实验室内才能提供。我们暂且把可以明确影响实验结果的条件称为关键条件。通常关键条件只是明确的有限个，且是可量化的。试想，如果关键条件的个数为无穷个，且不可量化，那么完全相同的条件都无法创造，又何谈可重复性呢？而家庭教育刚好就存在这样的问题。你在某个孩子身上采用了方法 A，结果有效；于是你又把方法 A 用到另一个孩子身上，结果发现竟然无效了。因为方法 A 不可重复，所以我们说它是不科学的，但它的确解决了前面那个孩子的问题，所以你也不能说方法 A 是无效的。我们需要注意的是，不可重复的原因是无法重现相同的条件，而不是方法 A 本身有问题，所以我们只能说它不科学，却不能说它无效。生活中有无限多个类似于方法 A 的方法，这些方法到底有没有意义呢？

显然，科学家们也发现了这样的问题，于是他们又提出了另外一种学说——统计学。统计学不再要求在完全相同的条件下进行可重复性实验,而是对大量随机样本进行抽样调查,通过对有限个指定的原因和结果进行相关性分析,最终得出一些结论。我在从事家庭教育的工作当中也做过类似的调研,也得到了一些结论。比如,在对863个随机家庭的调研中发现:亲子关系更融洽的家庭中,孩子手机成瘾的概率要远远低于那些与父母关系紧张的孩子。从科研的角度上讲,这样的结论的确有价值,也能说明一定问题,但是当我面对具体家庭教育个案的时候,我听到了以下陈述:

我和孩子他爸常年在外打工,孩子由老人照顾,我们没办法长期在孩子身边,时间长了孩子有些事情也不愿意和我说了。

孩子他爸兄弟三个,数他收入最低,我没文化,只能从事家政工作,公公婆婆很瞧不起我们,那年老大考上大学,村里人还说我们是吹牛的,说孩子的大学是假的,我们情绪能好吗?我们已经尽力地想和老二处理好亲子关系了,可是事情一到那,我还是会忍不住发火。

我是单亲妈妈,他爸爸从离婚之后就没管过我们,我感觉亏欠孩子太多,就拼命工作赚钱,想给孩子一个好的环境,工作一忙,陪孩子时间本来就少,工作和生活的压力没人倾诉,情绪也同样好不到哪里去,孩子稍微一不懂事,我就忍不住想发脾气。

我是护士,孩子小时候那几年,我经常上夜班,一上夜班,这脾气就不好,经常打骂孩子,现在关系虽然缓和了,但是孩子仍然很敏感,我想可能是那几年给孩子留下的阴影太多了。

……

同样是亲子关系紧张,陪伴孩子的时间少,但导致亲子关系紧张、陪伴时间少或者无效陪伴的原因却千差万别。搞科研,我们可以把亲子关系和陪伴时间作为原因来看，但在实际问题中，这只是结果。我们不能在调研问卷中关注每一个家庭的具体问题，所以我们只能抓共性，而共性却只是个性导致的结果，解决问题不从原因出发，而从结果出发，解决问题的效果可想而知。如果专家说："我不管你有什么困难，你为了孩子，必须得克服，改善亲子关系，多陪孩子。"然而，很多家长多半只能暗暗地埋怨一句："你说得轻巧，真是站着说话不腰疼。"结果呢？专家给的建议多半派不上用场，家长多半只能自己想办法。

无论是采用可重复性实验，还是统计学的方法，都只能关注有限种条件，而实际生活中，很多同样的结果可以由无限种条件触发，而问题的发展往往也不是一蹴而就的，往往在从头到尾的因果链中，包含若干个中间结果。如果把结果相同的问题归为一类，在因果链中越接近最终结果的结果可能越相似，可能的种类也越少，而越接近根本原因的条件则越发散，种类也越多。随着案例数量的不断增加和因果链的不断追溯，最终可能会找到与案例数量相当的根本原因。而如果想彻底解决问题，必须从根本原因入手。所以，想要找到一个通用的具体方法解决同样的问题就显得不太现实了。

以下仅以"孩子沉迷手机"的因果链追溯（见表0-1）为例，说明其可能的根本原因。由此大家就可以大概了解，为什么当老师面对家长关于"孩子沉迷手机"的提问时，无法直接给出一个简单有效的解决方案了。

表 0-1 孩子沉迷手机问题的常见因果链分析

可能的直接原因	可能的间接原因	可能的次间接原因	可能的根本原因
孩子压力太大,通过手机游戏可以减压	大环境的压力,父母没有帮助减压	原因一	……
		原因二	……
	学习效率低,自己有压力,玩手机时可以暂时减压	原因一	……
		原因二	……
		原因三	……
	无聊,却找不到更有趣的事情做	原因一	……
		原因二	……
孩子缺乏认可和成就感	孩子即使成绩进步也得不到父母的认可,但每次游戏通关却可以得到奖励	原因一	……
		原因二	……
		原因三	……
		原因四	……
	孩子总想做点大事,在现实中总是不被信任,没有机会,但在游戏中却可以建造一个世界	原因一	……
		原因二	……
		原因三	……
		原因四	……
孩子希望寻求陪伴	和父母没有共同话题,只好和同学聊天	原因一	……
		原因二	……
	有小众的爱好,却得不到父母的支持,只有寻找相关网络社群交流心得	原因一	……
		原因二	……

尽管将简单的问题复杂化并不是我们的初衷,但实际上人类目前却已经认识到了复杂问题的存在,且已在《复杂》(*Complexity*)一书中被作者梅

拉妮·米歇尔(Melanie Mitchell)提出。

事情的发展本来应该是从简单到复杂,再从复杂到简单的。可问题是,我们系统性地研究家庭教育问题也不过百余年,真正意识到这是个复杂问题的时间就更短了,所以总体上人类尚未发现解决家庭问题的简单逻辑。

无奈之下,我在从事教育工作过程中不得不采用具体问题具体分析的方式,从不敢轻易套用所谓的经验,而是认真对待每一个家庭的个性化问题。但随着工作年限的增加,经手的个案从几个到几百个再到上千个的过程中,我还是察觉到自己解决家庭问题的能力有了明显的变化。从最初的毫无头绪,到凭直觉就能很快找到一部分问题的根本原因,有同行问我是如何做到的,可我却觉得"一言难尽",后来我经过不断地复盘、总结,发现我的这些直觉并非毫无道理可言。当我把每一个案例分析的详细过程"掰开又揉碎"分析之后,道理都清晰可见。尽管每个案例都有显著的个性,但只要分析的案例多了,大脑就愈发善于发现问题的根源。这让我不禁想到了中国传统文化中的"道"。是不是真的存在某种东西,它既看不到,也摸不着,也无法描述清楚,但却在无形中指引着我呢?难道我比刚入行时离"道"更近了一些?于是带着些许的兴奋,我试图把我看到的"道"分享出来。一开始我不得分享之法,最终我发现可以先做一些案例分析,让读者先找到一点"感觉",然后再寻找一种思维模型进行类比,似乎只有这样的方式才能最大限度地把我的所谓经验分享出来。

如果把解决孩子的家庭教育问题类比为治病救人,我发现西医对于症状相同的患者,医生开的是相似甚至完全相同的处方,这与我解决家庭教育问题的思路是不相符的。

后来我经多方了解,才发现即使顶级的医生面对大多数慢性病,西医通常只能缓解症状而无法治愈,所以很多病虽然不要命,但却成了实际上的不治之症。对于很多慢性病患者而言,终生服药似乎是不可避免的。而在解决孩子的家庭教育问题上,类似操作显然无法使家长们满意。先不说长期心理辅导的费用家长就承担不起,就是让家长一直用物质奖励的方式激发孩子的学习动力,绝大多数家长也是不能接受的。况且孩子会对物质奖励越来越不敏感,家长为了激励就只好无限增加奖励力度,直到家长无法承受,这可能就类似于西药的抗药性吧。

西医是建立在科学基础之上的学科,而家庭教育不是理论意义上的科学问题,所以如果强行借鉴西医的方式,其效果可能并不理想。

由于我常年用中医调理身体,我发现医生对待每一个患者都采用不同的处理方式,但都有较好的效果。而且他告诉我,虽然方法不同,但都是用的同一个思路,我感觉这和我解决孩子的家庭教育问题的方式很相似。

传统中医的思维不具备典型科学的特征,既不能做重复性实验,又不能通过大样本随机做双盲实验,但中医思想毕竟传承了几千年,它一定具有对人有益的价值。而在多年从事的一线教育工作中,我发现解决孩子的家庭教育问题,总体上就是处理好各种关系,使孩子与自己及周围的人建立良好的沟通关系,这和中医的经络理论有着高度的相似性,于是我开始了解中医的思维模式,了解得越多,就越发现二者相似度很高。

孩子的家庭教育问题和人体的健康问题都是典型的复杂问题,采用相似的思维模式去解决,有可能会产生意想不到的效果。

我从小爱科学,在国家级数学竞赛中获奖,高考时侥幸考了全区理科第一名,进入了西安交通大学,本科选择了应用物理专业,硕士选择了电气绝缘专业,在国家重点实验室做了三年研究生。不敢说学有所成,但起码的科学思维还是有的,但我绞尽脑汁都无法在科学的海洋里找到对解决具体孩子家庭教育问题有实际帮助的思维模型。并且在我请教了多位行业专家后,发现他们在解决孩子具体的家庭教育问题时,并不是考虑方法的理论背景和科学依据。这曾让我大伤脑筋,我就想,我引以为荣的科学思维难道在解决孩子家庭教育问题这件事情上变得不适用了吗?但我觉得至少应保留实事求是的态度,起码这一点是符合科学思维的,如果我强行采用典型意义上的科学的方式去解决孩子的家庭教育问题,而不管家长具体的心理感受和实际效果的话,虽然看起来很"科学",但却缺乏了实事求是的态度,没有了实事求是的科学,还算是科学吗?

我再三权衡之后,认为实事求是应该是科学思维的大前提,脱离了这个大前提来谈什么科学的方法、科学的思维都是没有任何意义的,所以我最终还是决定按照实事求是的态度来写这本书。或许会被个别人诟病说写得内容不够科学,但这本书毕竟不是学术专著,只要对普通人教育孩子有帮助,那么这本书就体现了它的价值。

本书前4章列举了多个案例,希望帮助读者了解我解决家庭教育问题的几种思维方式,用心的读者可以结合自己孩子的实际情况进行反思。在读者有了一定感性认识之后,第5章才相对系统地提出了解决孩子家庭教育问题的思维模式,本书对模型的解释方式仍然以案例分析为主。本书既在不停地讲着有趣的故事,又是在不停地抛出新观点,读者可能会感觉既有趣,又"烧脑"。

我在分析案例的过程中尽量说清楚为什么当时想到要采用这样的方法,希望读者通过大量的案例分析理解我在处理问题时随机应变寻找方法的思路。因为这才更接近"道",也更能从根本上帮到大家。所以本书在行文时略显拖沓,甚至有些内容看起来与解决孩子家庭教育问题并不直接相关,但这是为了完整地再现我当时的想法,将读者带入我当时的状态之中,最终找到解决问题的思路。

我不敢指望每个人在读完此书后都能彻底解决自己孩子的家庭教育问题,但如果读者能在教育孩子这件事情上稍微有了一点思路,离教育之道也就更近了一点点,我就非常欣慰了。因为相对于解决孩子的教育问题而言,养成深度思考的习惯,和获得打破认知边界的勇气,意义更加深远。因此,本书内容虽以养育之道为主线,但文中不乏扩展延伸之观点,旨在帮助读者养成爱思考的习惯。因为一个人只有爱思考了,才更有可能接近养育孩子的"大道"。

第1章

溯源思维

常常有家长向我提出各种问题:孩子考试成绩退步了怎么办？孩子和同学关系不好怎么办？怎样才能让孩子学好数学？孩子写作业拖拉怎么办？孩子经常偷着玩手机怎么办？几乎每个家长都能说出孩子一大堆的问题。我们在不断地寻找这些问题的解决方案,但似乎这些问题就像一团乱麻,永远都解不开,解决了一个旧问题,可能又出现了一个甚至更多的新问题。比如孩子偷着玩手机,如果让妈妈没收孩子的手机,孩子可能会借同学的手机。还有的孩子可以一个学期不吃午饭,用省下的钱重新买一部手机,甚至有的孩子偷家里的钱买手机。再比如孩子成绩下降,如果不找到根本原因而直接找老师补课,有些孩子会非常反感,甚至直接和父母吵起来;有的孩子补课之后成绩也没有明显提高,而且还出现了厌学的情绪;有的孩子成绩暂时上去了,但逐渐变得没有以前自信了,认为只有依靠老师才能提高成绩。如果我一直被家长的问题牵着鼻子走,不仅永远没法彻底解决问题,甚至问题还会变得越来越多,越来越复杂,那教育工作又有什么意义呢？但如果我们能让自己安静下来,不那么急躁的话,事情似乎就变得不一样了。仔细分析后我发现,很多不同的问题其实都是由同一个原因导致的,而原因也并不像我们想得那么简单,有些原因乍一看与问题并无直接关系。所以解决孩子问题,不能采用头痛医头、脚痛医脚的方式。

从追问开始

 案例

上六年级的小琴①最近写作业时经常从网上搜答案,然后不经思考就抄在作业本上或卷子上。她总是很不自信,在和同学发生矛盾时也不敢表达自己的感受,还经常主动讨好别人。

我建议小琴的妈妈下班回家后多做家务,尤其是像刷马桶、洗碗、拖地等这类又脏又累的活,在家中放低姿态。

一个月后,小琴和爸爸的关系逐渐改善,小琴完成作业的质量也明显提高。三个月后,小琴的成绩得到了全面、显著提高。半年后,小琴和同学相处得更加融洽,她也变得更加自信。

对于小琴的变化,你是不是觉得匪夷所思呢?下面让我们来分析一下吧!

分析

面对小琴的问题,我没有只从孩子身上找原因,而是问小琴妈妈孩子和父母平时的关系如何,得知她和爸爸几乎零交流,这样就找到问题根源了。爸爸关注的缺失是导致小琴出现诸多问题的关键因素。于是我继续追问:"爸爸为何不与孩子交流呢?"小琴妈妈说,爸爸每天回家后只顾着玩电脑和手机。接着,我又问了小琴妈妈他们的夫妻关系如何。小琴妈妈说,他们虽然没到谈离婚的程度,但夫妻关系并不好。

在不断地追问后,我了解到:小琴的父母是初中同学,爸爸当年的成绩

---

①本书案例中人名均为化名。

很好,但是后来只考上了中专。虽然他工作后一直表现不错,也尽力弥补学历的不足,但最终只拿到了成人本科的文凭。尽管小琴妈妈当年的成绩不及小琴爸爸,但后来考上了高中,又经过不懈的努力,她最终拿到了博士学位。小琴妈妈在事业上也是风生水起,人越来越自信。渐渐地,妈妈在家中的地位不断提升,爸爸便产生了心理落差。从表面上看,爸爸观念保守,所以经常强调"女人在家里就应该像个女人的样子,做做家务多好",其实这是爸爸在争取自己的家庭地位和自尊。然而,妈妈则坚持认为,这些家务让钟点工去做就可以了,没必要自己去做。

这样一来,他们夫妻之间就产生了隔阂,爸爸为保住仅有的自尊心,自然不愿说出自己内心真正的需求,只能通过表面的高冷来体现自己的自尊,在家里与小琴妈妈的沟通越来越少,关系也没有早些年那么融洽。其实爸爸所做的这一切都只是为了引起小琴妈妈的注意,让她通过反思弄明白这背后的原因,从而去改变。然而,小琴妈妈并没有改变,女儿平时和妈妈在一起的时间比较多,自然和妈妈形成了一派,而爸爸在家里的地位本来就低,在看到小琴妈妈没有反应后,也不愿再关注女儿,从而加重筹码,希望能够赢得小琴妈妈更多的重视。鉴于此,我才建议小琴妈妈,只要她通过行动放低自己的姿态,让小琴爸爸找回心理平衡,就能让一切自然而然地恢复风平浪静。

在这个案例中,小琴有各种各样的问题,但我没有被问题的表面现象所迷惑,而是透过现象看本质,通过不断地追问找到导致这一系列问题的根本原因,进而化繁为简地解决问题。

也许你在看完我这段分析后觉得很有道理,但事实上,当我用这种思路给出建议时,也有很多父母认为这样的解决方案实操起来过于复杂、有困难、见效慢,甚至因为不太好理解而对其有效性存在质疑,导致不执行或执行得不彻底。

如果在解决这个案例的过程中使用那些大家印象中的"简单""容易执

行""见效快""好理解"的方法,那么会带来什么结果呢?

比如,如果孩子学习不主动、抄作业,妈妈就坐在一旁监督孩子写作业。如果孩子没自信,妈妈就多鼓励孩子,告诉孩子要自信。这样一来,在可能出现的各种结果中,最好的是:妈妈花费了大量的时间和精力去陪伴孩子学习,孩子也感受到了妈妈的关心,这在一定程度上减少了因父爱缺失所带来的问题,作业质量也能有所提高,和同学的关系也会有所改善。然而,这只能在一定程度上带来改善,只要妈妈不再陪伴孩子写作业,孩子的问题就会立刻显现。最差的结果则可能是:妈妈在陪伴孩子写作业的过程中不断爆发家庭战争,让家里经常不得安宁,孩子明明在家里得不到足够的理解与认可,却被要求在外人面前处处表现出自信,这相当于"让马儿快跑,却不给马儿吃草",很可能会让孩子因为心理营养不良而引发严重的心理问题。遗憾的是,我在实际工作中就见到过这种案例。孩子做出严重的自残行为,父母在孩子的伤口缝合并经历了数月恢复后,听了我的详细分析还无动于衷,还在向我询问提高孩子学习动力的方法。

在实际生活中,往往是孩子学习不主动的问题到最后也没有得到妥善地解决,孩子只是在外在压力下不得不稍微改变了一点点,父母在备感无奈之下接受了这个现状,并逐渐形成了这样的印象:孩子就这样了,我们不能对他要求太高。在父母的这种心理暗示下,孩子在潜意识中也逐渐形成了这样的印象:我并不像我一开始以为的那么优秀。于是很多人就带着这样的心理暗示走完了一生,虽然没有轰轰烈烈,但总体表现还是过得去的,毕竟周围的人好像也都是这样。就是这种群体性的"不解决根本问题、放任自流",导致在整个社会中,有很多本来在某个领域很有天赋的人,碌碌无为地过完了一生。这种现象不仅会影响个人和家庭,甚至会影响整个民族乃至国家的发展。

决定你采用哪种处理方式的主要因素是,你是否具有深度思考的能力。我在小琴的案例中采用了追问法,它是深度思考中最常用的方法之一,即连续追问事情的原因,不回避困难,直到找到一个可以解决的途径。

当然,在这个过程中,我们要想准确地找出每一个问题的答案,还必须具备一定的心理学和家庭教育的基础知识。

第一,在这个案例中,由于爸爸象征着力量,如果女儿得不到爸爸的关注,就会更担心失去别人的关注,正如一个经济拮据的人更有可能担心没钱一样,因此她为了不失去同学的关注,不太敢在和同学发生矛盾时为自己辩解,甚至有时还会讨好同学。由于缺乏爸爸的关注,小琴的学习动力不足,再加上她在将太多的精力消耗在维护同学关系上之后,就更没有精力学习了,但她还希望在妈妈和老师面前像个好孩子,所以只能靠抄作业来保存这份关注了。**父母的关注是孩子成长必不可少的心理营养成分,一旦缺乏关注,就像植物缺少肥料一样,无法正常生长。**

第二,当爸爸产生心理落差时会做出反应。每个人(无论是大人还是孩子)都需要被关注、被认可,这是人的基本心理需求之一。如果我不了解人的这个需求,就很难进行追问。

第三,追问时还要注意寻找正确的方向,否则很可能追问到最后变得无法解决,或者发散成无数个问题,变得无从下手。比如,在这个案例中,为什么小琴的学习动力不足呢?

如果回答是"她太懒了,她没有目标,她不清楚学习的重要性",我们就要先解决孩子懒的问题——她为什么会懒?她的父母或许会说"她从小就没养成好习惯,父母从小把她照顾得太好了,她被宠坏了",可这该怎么办呢?没有一架时光机可以让父母穿越到她小时候重新来一次。那么,要不就从现在开始严格要求她?难道父母现在对她的要求还不够严格吗?严格要求有效吗?孩子马上步入青春期了,她会甘心被父母严格要求吗?最后,这个问题很可能会变得无法解决,不了了之了。

如果回答是"孩子是因为没有目标,所以学习没动力",那么我们该如何给孩子树立目标呢?听名人讲座吗?听长辈忆苦思甜吗?看宣传片吗?

经常讲道理吗？这些常见的方法由来已久，如果真的有效，现在孩子的家庭教育问题就不至于这么多了。在这里，我们必须了解这个常识：**目标、环境、天赋和动力是孩子发展的四大基本因素**。就像我们要驱动一辆汽车，就要有良好的配置和正常的车况（天赋）、可以接受的路况（环境）、明确的驾驶方向（目标），以及足够的汽油或电能（动力），四者缺一不可。如果汽车没有动力，那么即使方向再明确，它还是开不走，因为方向和动力是两回事。这个道理浅显易懂，却常常被父母混为一谈——这也是找错了问题的方向。为什么我们会找错问题的方向呢？因为我们都喜欢在自己熟悉的领域中思考，要想突破这种限制，就需要深度思维的另外一个方法，我在后面会详细介绍。

前面只是讨论了孩子学习动力的问题，如果再来追问孩子没有自信的问题，我们就又可以找出一大堆看似正确的理由。比如，"孩子自幼懦弱"，这会让问题变得无法解决，因为我们无法回到过去。再如，"孩子现在成绩不好，才会在学校没自信"，那为什么学习不好？就是因为没动力，为什么没动力？这就又回到了刚才的问题。或者也可以说，因为没自信，所以影响了学习，这样一来，问题就可能变成死循环。

我们继续假设，如果确定了爸爸不与小琴沟通是她学习没动力和不自信的主要原因，那么爸爸为什么不与她沟通呢？如果是因为爸爸工作忙，那为什么爸爸工作忙呢？难道要爸爸换个工作，或是放弃自己的工作吗？为什么在小琴小的时候，即使爸爸工作忙，他也会主动和她沟通呢？是因为小琴现在没有小时候可爱了吗？如果是这样，那可就麻烦了，难道让小琴再变回小孩子吗？这条路显然走不通。只有我们把注意力从孩子身上转移到爸爸身上之后，考虑到爸爸的心理需求，问题才会有新进展。当然，这也需要我们具备一定的心理学常识和换位思考的能力。换位思考也是深度思维者需要的一项重要素质，后面我会继续展开说明。

以上提到的若干心理学和家庭教育常识，是我们解决问题的基础，在这个信息爆炸的时代很容易获得。然而，在解决实际问题中的灵活应用和敏锐的洞察力才是解决问题的关键，这就需要深度思考的能力。

养育中的"道"与"器"

《易经》曰："形而上者谓之道，形而下者谓之器。"这句话的意思是，超越有形的，即无法用任何形式来表达的东西，被称为"道"；可以用有形的方式来呈现的具体事物，或者可以用语言符号等表达的抽象观念、定义和方法等，被称为"器"。

可见，以上案例中解决问题的具体方法，包括在这个过程中所用到的心理学常识，很容易用简短的语言来描述，即使被加以总结、概括后似乎变得更加具有普适性，我们也只能称之为"器"。然而，灵活运用这些知识的能力是更高层次的，说不清楚也摸不着，我们可以称之为"道"。

我只能借助实际的案例来表达"道"，且实际案例也只是能力（高维度）在具体事件（低维度）上的"投影"。"道"，既看不到也摸不着，只能用心去体会、感悟，正所谓"道，可道也，非恒道也"。

"器"很容易获得，"道"则只能在低维度上表达其"投影"。你可以假设"道"包含无限维度，不要妄想用机械制图中三视图的方法表达其全貌，只能尽量从不同的角度尽可能多地获得其"投影"，最后由观察者通过自己的头脑总结得出"道"的完整形态。而这个形态仍然无法用具体的语言或图画来表示，且每个观察者内心的"道"的形态也不完全一致。因为每个观察者看到的"投影"数量和角度都不尽相同，这受样本的种类和数量的影响。也就是说，这与人的人生阅历和分析总结的能力有关，总的来说，一个人观察过的样本越丰富、种类越多、分析能力越强，最后总结出来的那个结果就越接近"道"的实际样貌。因此，我们只能无限接近真理，却永远无法掌握完整的真理，真正的"道"是只可意会、不可言传的。

家庭中的"蝴蝶效应"

为了让你从更多的角度去观察"道"的"投影",我再来讲一个案例。

 案例

小梅之前的总体学习成绩一直位于班级中等,但其中数学和物理成绩较差。升入初三以后,小梅的妈妈经常向我抱怨孩子的学习成绩,并向我寻求帮助。我很了解她原生家庭的复杂性,知道问题没那么容易解决,因此我只能一边耐心地安慰小梅的妈妈,一边多鼓励小梅,并免费赠送给她一些我们的优质在线课程。然而,这些都是杯水车薪,若孩子不自信,鼓励的话所起的作用也无法持续太久。一年多后,小梅的妈妈突然给我留言说:"小梅这次总分考了班级第三,物理竟然考了班级最高分,数学也有了明显进步,老师很惊讶,让我到学校去分享是如何教育孩子的。可是,我不知道怎么讲,您能给我点建议吗?"听到这个好消息,我特别惊喜,但出于职业习惯,我本能地开始分析孩子进步的原因,并很快找到了因果链。

这件事的前提是,小梅的妈妈最近对小梅的关注并没有比之前多,因此她的这些变化完全是出乎意料的。小梅为何会发生这么大的变化呢?

小梅的妈妈一直在县城摆摊卖低档女装,工作辛苦不说,每月只有两三千元的收入。小梅的爸爸在一家公司做司机,收入虽然相对稳定,但是不算太高。小梅的妈妈对生活充满了无力感,每次见到她时,她的脸上都写满了疲惫和对生活的不满。有一次,在生产平板电视机的外资企业工作的表弟想帮她在县城租一个商铺卖电视机以增加收入,可她担心万一亏了,不仅会连累表弟,而且还不起这份人情债。

前一段时间,她毅然放弃了女装生意,以临时工身份应聘做了某幼儿园的老师。工作了一段时间后,她发现自己很适合这份工作,并在工作中表现很突出,不久就在小县城传开了,甚至有家长专门来这所幼儿园报名,因为他们听说这里有一位很会教小孩的"刘老师"。于是,她很快就由临时工转为正式员工。园长鼓励她去考教师资格证,一向没自信的她竟然很兴奋地开始复习,并顺利通过了考试,随后又被提拔为负责教学的部门主任。在这期间,她还开始每天跑步。

当我再见到她时,她已经是幼儿园的副园长了。在短短不到两年的时间里,她竟发生了这么大的变化,整个人的气质都不一样了,脸上满是自信的笑容。当我去她家做客时,看到客厅的茶几上摆放着一瓶鲜花,家里的布置也显得更有格调,这让我又惊又喜。由于她每天对生活都充满了希望,经常在进步中获得成就感,因此她的心情不同了,回家对待小梅的态度也发生了变化,不再像以前那样经常骂小梅太笨了。对此,她说:"我在这几年开拓了自我成长的路径,所以我不再把全部的希望都寄托在孩子的身上,自然不会给孩子那么大的压力了,而是关注我还可以在哪些方面有进步。"

小梅以往在学习时,往往心情复杂、无法专注,经常担心万一没考好,就又会被妈妈责骂,处于一个被负面情绪笼罩的家庭环境中,整个人都缺乏正能量。她也承认,看到妈妈的心情不好,她的心情也很难好起来,并且在被妈妈责骂时还要克制自己的情绪,这又会消耗她很多正能量。可见,小梅之前学习不好就容易被人理解了。

也许你认为以上的分析在逻辑上已经很完整了,小梅妈妈的变化带来了小梅的变化,而且是彻底的——不用补课,不用家庭战争,一切看起来都很圆满。然而,当你真的要去效仿小梅的妈妈所做的这些改变时,你也许会发现,这真的很难。因此,了解小梅的妈妈发生这些变化的原因才是最根本、最重要的。

我们继续追问:小梅的妈妈原本是一个不自信、不敢尝试挑战的人,为什么突然之间有了这么大的勇气去挑战自己原本不敢尝试的事情呢?

分析

我了解到,小梅的爸爸在工作中没有什么变化,夫妻关系也一如从前。因此,我只有到小梅妈妈的原生家庭中去找原因了。

我很好奇,小梅的母亲之前为什么不自信。据了解,小梅的妈妈家中姐弟四人,她是家中的长女,老二和老四是妹妹,还有一个弟弟。他们从小生活在农村,家里条件很困难,她初中毕业就主动提出要去外地打工供弟弟、妹妹读书。后来,弟弟、妹妹均考入了重点大学,但他们刚毕业时工资并不高,家里仍然很拮据。作为家中的长女,她在潜意识中始终认为,要先让弟弟、妹妹生活好,自己才有资格去追求幸福。如今弟弟、妹妹尚没有过得很好,自己当然就没勇气去追求幸福的人生了。此外,她还认为,读了重点大学的人都富不起来,自己一个初中毕业的人,哪还敢想那么好的事?万一转行失败了,不仅自己负担不起这些损失,而且家里也没人能帮助她。

最近几年,弟弟、妹妹的事业风生水起,收入不断提高。弟弟做了某公司的项目经理后,年薪增长了不少;小妹远渡重洋读了两年 MBA 后,年薪增加了2倍多。弟弟还在老家盖了一栋漂亮的三层别墅。在传统观念里,在老家盖房子可是一个很重要的财富象征。虽然小梅的妈妈从未问过弟弟、妹妹的具体收入,但通过这些事实她知道自己的后盾强大了,万一改行失败,家人也能帮她渡过难关。一旦她没了后顾之忧,就有了追求幸福的勇气。

到这里,因果链算是完整了。原来,小梅的成绩进步是整个家庭努力的结果——舅舅和小姨事业的发展与小梅的成绩,这两件看起来风马牛不相及的事情之间竟然有着千丝万缕的联系,这就是深度思维的魅力。

需要注意的是,要解决小梅的学习动力问题,并不是非要舅舅在老家盖一座房子不可,这只是众多解决方案之一,这个因果链的关键环节在于妈妈的改变,而老家的房子恰好成为触发妈妈改变的原因。实际上,朋友的带动、自身的学习、环境的压力等都可能导致妈妈发生改变,在寻找解决方案时,只要是可行的,且尚未尝试过的,都值得去探索。虽然问题的原因相对单一,但解决问题的具体方法并不唯一。

从有效的追问中寻找答案

在以上两个案例的因果链推导过程中,为了确保推导的正确性,除了需要具备一些心理学和家庭教育的常识,还需要具备因果之间的逻辑确定性。

在由每一步推断出下一步时,是确定的百分之百准确,还是存在一定概率呢?如果每一步都存在一定的概率,那么经过多次推导之后,逻辑性是否会减弱呢?

接下来,我们来分析一下。

我们先来做一道应用题:要完成一项任务,需要按顺序完成五个不同的步骤,任何一个步骤失败,都需要从第一个步骤重新开始,每个步骤成功的概率为80%。请问能一次性顺利完成此任务的概率有多大?

根据概率论的知识可列出算式:$80\%^5 = 32.768\%$

那么,一次性顺利完成任务的概率为32.768%。

对于数学考试来说,这个计算结果完全正确,但是在实际生活当中,可能就会是另外的情况,我们来分析一下。

在前面小琴的案例中,每一步问题都存在多种可能的原因。有些问题的原因并不是单一的,而且每一种原因可能的概率也不同。

首先,我们列举一下导致小琴学习动力不足可能存在的原因:

原因一:小琴的学习压力太大,作业太多。

原因二:小琴不够聪明,跟不上学校学习进度。

原因三:小琴性格不好,缺乏钻研精神,不能吃苦。

原因四：小琴需要更多的鼓励。

原因五：爸爸对小琴的关注不够。

接下来，我们分析每种原因的合理性、各自的解决方案，以及方案的可行性。

 分析

原因一

合理性：据小琴的妈妈所述，小琴的作业并不算太多，大部分同学都可以用一到两个小时完成。该原因的合理性不充分。

解决方案：减轻学习压力，减少作业量。教育制度是我们无法改变的，减少作业量恐怕会让小琴更加跟不上学习进度。而且根据前面的分析可知，小琴的压力也不算大，是她承受压力的能力不够。

结论：压力是相对的，要么减轻压力，要么提高承压能力。在本案例中，需要改进的是小琴的承压能力。因此该原因不予采用。

原因二

对于该原因，无论是否符合事实，都没有任何意义，因为孩子的先天条件无法改变，无论问题是否由这个原因所致，都只能忽略。

原因三

合理性：这个原因看上去比较合理，也符合客观事实。

解决方案：要想改变孩子性格，很难；要想管教孩子，妈妈应该也尝试过很多办法，均没有明显效果。

结论：无论这个原因有多么合理，只要不具备可行性，就只能先放一放。

原因四

合理性：这个原因看起来更可信一些，稍微学过一点家庭教育知识的父母可能也更倾向于选择这个原因。

解决方案:如何鼓励?谁来鼓励?实际上,小琴的妈妈每天都在陪伴小琴、鼓励小琴,甚至放慢了自己事业发展的节奏,但效果并不理想。

结论:该原因并不足以解释小琴的学习情况。

原因五

合理性:根据已知情况,爸爸和小琴几乎零交流,而且除了这个选项之外其他的原因的解决方案都被证明不可行,因此我们需要基于这个原因深入挖掘。

解决方案:可回顾前文,此处略。

结论:小琴的问题与爸爸对她的关注不够有很大的关系。

现在来总结一下,我们最后选择了第五个原因,那么这是否说明前面四个原因都是错的?事实上,前面四个原因都有一定的道理:假如学校作业减少到目前的十分之一;假如小琴像爱因斯坦一样聪明;假如小琴非常自律,即使在重压下,也能完成作业……那么哪怕满足其中的一个条件,她也可能更快、更好地完成作业了。然而,这些都不属于我们能够掌控的范围,我们只能在我们能够掌控的范围内想办法。可见,实际的情况和我们数学题中的计算完全是两回事,数学题告诉你的是每一步成功的概率,比如用筷子夹乒乓球这种操作,成功可以用概率计算,因为答案只有两种——要么成功要么失败,没有第三种可能。但是我们现在解决的不是这类问题,找到任何一个原因都可能会解决问题,或是令问题得到改善,关键就是看哪条路行得通。

因此,去掉我们控制不了的因素,再去掉我们尝试过无效的,剩下的就只有那么一两种原因了,所以我们选对原因的概率是非常大的。关键在于,我们在这道实际的应用题中增加了两个限制条件:一是我们能控制的;二是我们还没有尝试过的。我相信你早就想到了这两个条件,所以重要的不是这两个限制条件,而是**我们要不停地、不受限制地追问下去**。一旦你坚信问题出在孩子身上,你就很难去爸爸身上找原因;而到了这一步,要是再把问题局限在爸爸身上,就很难发现妈妈的原因,而这才是问题的根本。

很多人宁愿把寻找原因的领域局限在一个很小的范围内,比如某个特定的人身上,哪怕是在已经尝试过的原因中反复地打转,在自己干预不了的范围内痛苦地挣扎,也不愿意去拓宽寻找原因的领域,最终不得不选择放弃努力,接受现实。为什么会造成这种局面?原因有两个。第一,父母缺乏深度思维能力,无法从烦乱的事物中寻找到根本原因。第二,有的父母已经隐约感觉到问题的根本原因了,但是不愿意继续往下想,或者宁愿相信那并不是问题的根本原因,因为这触碰到了他的舒适区。比如,有的父母不愿意放下面子;有的父母会觉得做出某些改变很麻烦;还有的父母会觉得就算有所付出,也未必能实现预期的效果,便打消了念头。

结合可行性与实际经验再去不断地追问,能帮助我们找到问题的根本原因。对于不可行方案的分析,应该只包含客观的原因分析,尽量减少人为的设限。前者需要具有深度的思维能力,后者则需要具有充分的积极心态。因此,**提升深度思维能力、学会给自己补充心理能量才是问题的核心**,本书接下来就将围绕这两点展开。

突破性思维

我们先来回顾一下第 1 章的内容。在小琴的案例中,我们从小琴到她的爸爸,最后到她的妈妈,不断追问寻找问题的根源,最后发现问题的根本原因竟然在最想要解决问题的妈妈身上。小梅的案例则更复杂一些,不仅涉及妈妈的原生家庭,而且最后触发改变的导火索竟然是老家的房子。

使追问能够有效进行下去的一个重要原因就是分析对象的改变,如果只是谁出问题就盯住谁、从谁身上找原因,那么问题也许永远都无法得到彻底解决。因此,**要想更好地解决孩子的教育问题,就要突破思维惯性的约束**。然而,思维惯性的束缚可能会体现在很多方面,要想突破实属不易,不仅要从范围上有所突破,还要经常反思自己过去的观点,用批判性思维改变自己过去的观念中包含的偏见与狭隘。

我也经常通过这样的反思来使自己进步。比如,第 1 章中小梅的案例就让我对一些农村朋友喜欢回老家盖房子这件事的看法有了改变。很多农民出去打拼几年,手里有了一定的积蓄后都会回老家盖房子,哪怕根本不回家住。很多人会认为这样做很浪费,我以前也这么觉得,我甚至还曾认为,项羽的那句"富贵不还乡,如锦衣夜行"正说明了他的格局眼界太过狭小,由此就可以推断出,他最后必然会输给刘邦。后来,我的看法发生了转变——处于不同时期的人,就需要用不同的方式来滋养。对于那些因生活拮据而内心能量不足的人而言,家庭生活水平的提高可以有效地为其提供支持,那么家庭中有人在老家建一栋华丽的房子,即使不住,它给这个内心自信能量不足的人在事业和生活上带来的心理红利,可能会远大于这栋房子本身的价值。尽管家族中其他人建房子与自己的自信从表面上看无法建立联系,但事实上,他人的改变的确会使当事人心理发生微妙的变化,从而在某种程度上改善其生命质量。

由此,我现在对项羽也有了新的认知:他需要的是乡亲父老的认可,因此如果他有了荣华富贵以后不回老家炫耀一番,就如同穿着华丽的衣服走夜路,谁能看得见呢?显然,他内心的自信能量不够,还处于需要通过别人的认可来获取自信的阶段。他最后失败,不是因为他格局和能力不够,而是他选错了行业,选错了位置,更选错了对手——一个能力只有80分的人,偏偏要做难度系数为100分的试卷。也就是说,尽管他的能力和格局高于大多数人,但仍然无法驾驭他选择的事业,势必失败。

接下来,本章将通过几个案例来说明突破性思维对解决孩子教育问题的帮助,希望大家能举一反三,有效解决自己孩子的问题。

领域的突破

案例

晓东第一次参加我们冬令营的时候刚上初中。在活动休息的间歇,为了摘下一根枯树枝,他一口气冲上了一个几乎90°的陡坡,结果扭伤了脚踝。我当时仅把这件事当作一起意外,一边赶紧安排老师将晓东送去医院治疗,一边联系晓东的妈妈。我本是怀着没有照顾好孩子的愧疚之心给她打电话的,并做好了被她责怪的准备,没想到晓东的妈妈却说不是我们的原因,是孩子本身的问题,几个月前他还摔断了胳膊,类似的事情经常发生。这一下触发了我作为教育工作者的好奇心,我想孩子也许存在某些心理问题。

晓东的妈妈大致给我讲了孩子的成长历程。在晓东小时候,他的爸爸脾气暴躁,经常无缘无故地打孩子,甚至经常在喝醉回家后把熟睡中的晓东拉起来暴打一顿。后来,晓东的妈妈因无奈而选择离婚,甚至为了远离前夫骚扰,离开了原来的城市。两年前,她重新组建了家庭,开始了相对稳定的生活。晓东的继父是一个对家庭很负责任的男人,很想做一位好父亲,非常关心晓东,但是晓东却与继父关系并不好。

根据晓东妈妈的描述以及我之后多次接触晓东时对他的观察,我发现他很没自信,不敢大声叫我,在人多的地方喊妈妈的声音也很小,还喜欢把自己的伤疤展示给别人看,为了引起大人的注意经常做一些特别的举动。比如:他曾在上课时把红墨水涂在嘴巴旁边,然后倒地装死;在冬令营活动时,他用音箱播放很吵闹的音乐,并把音量调到最大,老师批评他时,他不仅很平静,还表现得心满意足;学习方面就更不用说了——他完全没有学习动力,在继父的要求下,不但没有进步,反而还用折磨自己的方式和继父对抗。

结合晓东的经历和他的各种问题表现,我认为他是因为在童年时被关心得太少,现在想用各种方式博得大人的关注与同情,以弥补童年时的遗憾。晓东的妈妈希望我能给他们一份好的解决方案。起初,我为晓东推荐了一位比较资深的心理咨询师,晓东的妈妈带着他去了几次后,感觉孩子没有什么变化,然后又来找我想办法,父母二人和我聊了一个上午,我最后给出的建议是——尝试用中医调理。

对于这个建议,其实我当时心里也没底,只是看到家长这么信任我,就只好把我想到的一切可能有效的方法都告诉她。我向她推荐了一位认识多年的中医大夫,并且事先声明,这只是一种尝试,我也不确定是否有效,但我认为至少不会有副作用。随后,晓东的妈妈每天都花很多时间带着他去针灸。一个月后,晓东的性格开始变得开朗了。两个月后,他在看到我时竟然会主动地大声打招呼。最让人感到意外的是,他竟然主动向我请教数学和英语的学习方法,这在以前简直是不敢想象的。后来,他又来参加我们的夏令营,他第二次参营时的表现和之前完全不同——不仅在报到现场表现得落落大方、举止得体,还以老生的身份照顾新同学。几位新生家长还指着他说,一看这孩子就是"老生",还会照顾新人,看这孩子多懂事。

看到这里,你未免会感到不可思议吧?其实,我在给晓东的妈妈推荐中医调理这种方法时也慎重考虑过,从逻辑上和经验上判断,我认为这或许会有用,但我的确没有百分百的把握。

为什么能产生效果呢?我们来分析一下吧!

分析

我们的身体与情绪密切相关。比如,不少女性患者乳腺类或甲状腺结节等疾病,这些都是气出来的,而胃溃疡往往与焦虑的情绪有关。

我几乎每天都会用针灸调理身体,并且根据我每天情绪的不同,医生也会在给我把脉后根据我当下的身体状况为我选穴施针。在我偶尔感到工作压力大时,医生在为我把脉后还会开玩笑地问我:"你今天怎么了?想什么国家大事了?"然后施针,不到一分钟我就感觉头脑明显轻松。

我之前的经历让我体会到,情绪会影响身体状况,身体状况的改善能令我们的情绪得以改善。我联想到晓东儿时的经历给他的心理留下了不好的影响,而这种负面的影响在达到一定程度后,就会对其身体产生影响,甚至发生器质性病变。不过,对于孩子来说,身体在不断地发育更新,发生器质性病变的概率会小很多,而且有些疾病在病情没有达到一定程度时是很难检查出来的。尽管如此,多年心理创伤势必会对孩子的身体带来一定的负面影响。尽管晓东现在的生活环境有了很大的改善,但冰冻三尺非一日之寒,其身体的问题不可能恢复得那么快,一定还会影响他的情绪和行为表现。经过一段时间的中医调理后,他的身体得到了改善,情绪自然就不一样了。

到这里,读者可能会有不同的看法:你可能相信中医,大赞中医的神奇；你也可能反对中医，可能质疑我的阐述。这并不奇怪，因为确实存在一些水平平庸的中医医生，这些人影响了传统中医的形象。不过，我们必须明确的是，一位甚至多位中医医生的水平平庸，并不能说明整个中医学系统没有价值。导致他们水平不高的原因可能是他们自己学艺不精，或是传统中医本身就是一门很难学习的学问。事实上，中医思想体系本身的特点就决定了其很难被大量复制和传承。也就是说，我们要学会正确归因，正确地寻找问题的原因。如果在我们还不了解中医思想的特点时，就草率地用我们既有的思想、方法去判断中医，是非常不合适的。中医本身并不是本书要讨论的主要话题，但我之所以要展开讨论，是因为家庭教育的深度思维中所用到的思想与传统中医的思想有诸多地方不谋而合，我也会在后文中再次提到中医。

在这个案例中，由于我的思路没有被限制在晓东的心理和情绪问题上，而是突破了这两个范围的限制，从他的身体健康上找原因，才使问题从根本上得以解决。虽然我们很多人都知道情绪和心理会导致身体发生病变，但在实际解决问题时，尤其是解决孩子教育问题时，却很少有人去尝试将两者联系起来解决问题。我认为其原因有三个方面。

一是跨越领域，很难想到。

二是很多家长太过心急，认为问题出自哪里就得从哪里解决，迂回解决问题看起来要等更长的时间才能有效，所以不愿意去尝试。

三是很多孩子的情绪问题已经引发了明显的身体变化(比如头痛、肚子痛等)，到医院检查之后并没有发现任何问题，于是家长往往会以为是孩子故意耍赖皮、为了逃避上学装出来的，或是简单地将其解释为"心理作用"而不予以重视。一般人对"心理作用"一词的理解是，这是人想象出来的，是根本不存在的。实则不然。心理作用也是实实在在存在的问题，有些通过心理治疗就可以获得改善，有些则必须通过身体的治疗才能解决。因为"心理作用"只是原因，其严重程度不同，导致的后果也不同——最初也许只存在于人的大脑中,做一些心理疏导就会好转;严重一些就会导致身体内部运行紊乱(即体内各器官之间无法协调运作),此时运用西医的方法可能无法检查出问题。因为西医的检查结果是需要通过可视化的指标(比如血压、血糖的变化,或是长了肿瘤等)体现出来的,但这些可视化指标的变化其实是各器官之间长期的不协调工作所导致的结果。因此,在我们的身体稍微有点不舒服时,去医院检查往往查不出什么问题,一旦能检查出疾病,则病情可能就已经不轻了。在疾病确诊之前还有一个阶段,就是感觉不到身体有问题,其实这时人已经处于亚健康状态了。到底是先感觉到不舒服,还是先检查出指标的变化,具体还要取决于每个人的体质是否敏感。此外,还要看是哪一类疾病,有的疾病(比如肝癌)本身就不容易引起疼痛,所以一旦检查出来,通常就已经到了中晚期。中医的思想对我做教育工作有很大的帮助,后续我还会列举更多有关的例子来说明。

> **小贴士**
>
> 在以往的观念中,大部分人只知道情绪变化对身体有影响,情绪对行为有影响,但其实它们之间是相互作用、相辅相成的。晓东的案例说明了身体的变化对情绪也会产生影响。当我们精神萎靡不振时,在大汗淋漓地运动后会变得神清气爽,这就说明了行为对情绪的影响。一旦了解了这些,就会为我们解决日常的情绪或心理问题开辟出很多新的解决思路。

事件的突破

 案例

小林,男孩,三年级。

小林平时放学到托管班后,会再磨蹭几分钟后开始写作业。可有一天却一直静不下心来,半个多小时过去了,书还没打开。托管班的老师问他为什么不写作业,他也不说,只是假装打开作业本。过了一会儿,托管班的老师看了一眼,发现他在草稿纸上乱画了一些东西,而在作业本上只写了几个字。后来,其他同学告诉老师,小林今天不小心弄坏了同学的一支很贵的钢笔,他答应明天要赔给同学,可又担心被爸爸知道后挨打——因为他比较调皮,爸爸经常打他。老师知道后,给小林的爸爸打了电话,爸爸答应不打他,于是小林很快就把作业写完了。

这是一件很小的事,也有偶然的特殊原因,但能给我们这样的启示:孩子的表现哪怕稍微有些不同,其背后一定是有原因的,而且原因可能多种多样,并不见得都是因为有事要瞒着父母,还可能是有其他的原因。在这个案例中,小林因为纠结如何告诉爸爸而焦虑,所以无法静下心来写作业。如果我们只是认为孩子想偷懒而责备他、催促他赶紧去写作业,他就更不敢把心事说出来了。庆幸的是,在这个案例中其他同学告诉了老师,否则谁都不知道小林什么时候才会说出来。因此,我们在遇到孩子的教育问题时需要知道:**寻找原因时不能仅围绕学习动力这个范围去考虑,而亲子关系是一切家庭问题的根本**。如果小林在平时和爸爸无话不谈、亲子关系十分融洽,他就不会有这样的顾虑而拖延作业。其实,并不是每个孩子都会因为这点小事而拖延,但是对于那些原本亲子关系就不太好的孩子而言,任何一件小事都可能成为"压死骆驼的最后一根稻草"。

小丽,女孩,高三。

小丽平时晚上学到 11 点半就睡觉了,可最近几天她都是熬到凌晨 2 点才睡。妈妈问她为什么这么晚睡,她说其他同学很多都熬夜到凌晨,这几天自己精神比较好,就想多学一会儿。其实,她的房门开着,妈妈偶尔能看到她摆弄放在旁边的平板电脑,这让妈妈很担心。第二天半夜,妈妈见小丽趴在桌上睡着了,就轻轻地拿走了平板电脑。看了小丽的QQ聊天记录后妈妈才知道,原来小丽是想把自己的游戏账号卖掉,结果不仅没拿到这笔钱,还被别人骗走了500元,而这钱还是她向同学借的。第二天晚上,小丽放学回到家,妈妈主动问她:"你是不是被骗了500块钱,你怎么不和我说呢?你要卖掉游戏账号,说明你想更加专心地学习,我支持你。损失了500块钱算什么,即使是5000、50000我也不会怪你呀!"小丽感动地抱着妈妈,多日的压抑终于奔涌而出,哭着说:"妈妈你真好,我这几天上学都在想这件事,都让我无法专心学习了!那钱是我向同学借的,我想求骗子给我退回来一点。我还把我之前刻的橡皮章卖了100多块钱,我还打算再写网络小说赚点钱,同学的钱无论如何我都得还上。"

经过这件事后,由于小丽和妈妈进行了真正的沟通,并且彼此更信任了,因此后来又发生了一系列的事情。有一天,小丽向妈妈坦白说,高二时曾向同学借了几本武侠小说,但都因为她上课时偷看而被老师没收了,至今都还没有还给同学,心里一直放不下。于是,妈妈让她列出书单,并一一买回来。小丽把这几本书还给同学后,神奇的事情发生了——她每天上学、放学时都哼着歌回家,妈妈以前可从没见过小丽心情这么好过。其实,小丽的妈妈在最初找我帮忙时,想解决的正是小丽情绪低落的问题,那时小丽经常说人活着没什么意思。

又过了一个月,小丽的妈妈给我留言说,小丽已经主动把自己的手机锁起来了,说在高考前再也不碰手机,要好好学习,还开导妈妈说:"我不是天才,你也别指望我考上清华、北大这样的学校了,但我可以保证的是,我以后每次考试都会进步。"她在最近的一次考试中,年级排名也的确进步了40多名。心结一旦打开,好事就会像被推倒的多米诺骨牌般接二连三地发生。

小林和小丽的案例告诉我们,有些事情在父母看来根本不算事,但很有可能被孩子看得很严重,所以孩子很可能选择不说,且其表现显然会受到这件事情的影响。父母常会在不明原因的情况下就简单粗暴地判断孩子偷懒、不努力等,然后就给孩子讲道理。这样只会让孩子与父母的距离越来越远,很多亲子隔阂都是由日常生活中的这些小事逐渐积累形成的,会导致孩子的学习动力越来越差。

我们必须清楚,任何事情都是有原因的,遇到问题应先找原因,原因的范围不能仅限于与学习直接相关的事情,还可能是其他事情。必要时,还可以定期在家里举行一个"真心话"活动。在这个活动中,每位家庭成员都要讲述自己最近犯的错甚至是惹的祸,无论事情大小,其他人都必须先去体会讲述人的感受,然后接纳讲述人,再去发现他动机中善良的一面。该活动的具体方法可以参考第3章"探索孩子的善良动机"的内容。

> **小贴士**
>
> 当孩子表现不佳时,他很可能有自己的苦衷,父母需要去了解。不过,居高临下的心态常常使父母过分自信地以为自己了解孩子的一切。然而,这正是亲子关系出现隔阂的原因,且这种隔阂也恰恰就是孩子不愿意向父母倾诉苦衷的原因——有能力打破这个恶性循环的人,往往是父母。

突破传统观念

 案例

晨晨的妈妈经常在晨晨面前直接指出丈夫的错误,比如:"你看,你又不把东西放好,沙发上不是放包的地方。""这件事不是孩子故意要瞒着你,她是太怕你了,你平时少凶他几次,看她以后还会不会和你说?"尽管晨晨的爸爸也认为妻子说的有道理,但是他非常反感妻子在孩子面前说自己不好的地方,他认为自己的威严会慢慢丧失,以后再教育孩子时,孩子就更不听自己的了。

晨晨爸爸的想法是可以理解的,很多家庭教育理论也告诉我们,不要在孩子面前说配偶的错误,即使有不同意见也要在背后讨论,不要当着孩子面争论。不过,我对此事有不同看法,因为在我身上也经常发生这样的事情。

 案例

有一天,我在中午煮面条以后忘记了洗锅。妻子回家后看到我还没洗锅,立刻把我拉到厨房,气势汹汹地说:"你看看,这是你干的事!赶紧把锅洗干净!"她才不管女儿是否在场,女儿在看到妈妈发脾气以后,表情略显紧张。我趁着妻子最后那句"赶紧把锅洗干净"还没说完,就抢着说:"你千万别替我洗,让我自己来,千万别让我养成懒惰的毛病。"然后,我就认真地洗起锅来,妻子只得说:"你还挺懂事。"我看了妻子一眼,并向女儿伸了伸舌头,女儿笑了。

还有一次,我洗澡忘记关玻璃拉门了,把厕所的地面弄湿了,妻子看到以后立刻进来凶我:"这装修干湿分离的钱白花了,你还是弄得跟池塘似的。"我则马上说:"我知道你骂我是因为你爱干净,家里多亏有你才能这么整洁。"妻子则立刻不说什么了,心甘情愿地去擦地了,我则在一旁"窃喜"。

长期在这种环境下生活的孩子会变得怎么样?你觉得我会在女儿面前失去威严吗?根本没有,女儿反而更加佩服我,认为我是最厉害的,因为我往往很快就能摆平妻子的"暴风骤雨"。更重要的是,我的行为教会了孩子如何接受别人的批评,如何化解沟通危机,女儿也跟我学得能很好地处理类似的问题。此外,女儿与我沟通得特别好,可以和我像和同龄人那样沟通，因为她觉得我和她一样，也会犯错，所以她也不会刻意在我面前掩饰自己的缺点，而是更愿意在我面前展现出真实的自己。

其实，作为一名老师，我之所以深受学生的喜爱，我的真实感是一个很重要的原因——如果我表现得太完美了，就会与学生产生距离感，他们会在我面前感到有压力。每个人都会犯错，关键是用什么样的态度去对待错误，以及是否真心承认自己是不完美的。父母常常是自己做不到的事情却要求孩子做到，难道父母都能把工作做得很好吗？为什么对孩子要求那么高呢？即使父母自己的工作做得很好，也不代表其他方面没有缺点。**父母在教孩子追求卓越的同时，也要教他接受平庸，这样才不至于走极端。**

孔子曰："不迁怒，不贰过。"这一句话很好，它是我们努力的方向，但其实没有人能够完全做到，也没有必要要求每个人一定做到。从某种程度上讲，迁怒属于一个人在情绪低落时向周围可信任的人发出的求救信号。比如，妻子在工作单位受委屈了，回家发点牢骚，明摆着就是希望得到丈夫的安慰，此时丈夫就要做好妻子的工作，反之亦然。然而，倘若每个人在遇到问题时都做到绝对不迁怒，自己把情绪憋在心里不表现出来，那么出现心理问题的人数反而可能会大大增加，因此"不迁怒"只能是在一定的程度上，或者说，不过分迁怒就好。所谓"不贰过"，并不难理解，很多人也会理所应当地认为这话没问题。如果孩子平时做过的题目，在考试时又错了，父母往往会非常生气。此时家长很可能忽略的是，即使是完全一样的题目，孩子也可能因为考试时更紧张而做错。这是因为做题时的环境难度提高了，因此孩子并不是犯了完全相同的错误，而只是还需要提高熟练程度而已。古希腊哲学家赫拉克利特曾说过："人无法两次踏入同一条河流。"事实上，生活中很难发生两次完全一样的事情，因此当我们看到孩子犯相同的错误时也要多一点耐心，并在有必要的情况下分析两次场景的区别。

> **小贴士**
>
> 传统观念绝非是不可撼动的真理。我们不仅要具体问题具体分析,还要看在变化后的场合是否能灵活运用一种解决方法,并且方法的运用一定程度上还取决于具体使用的人。比如,有的父母实在是做不到能很好地化解沟通危机,如果一方在孩子面前说配偶的不好,配偶却不能化解,就很可能会吵起来。

突破时间,看到未来

案例

小刚在初二时成绩位于班级中等,按照往届的经验大概勉强可以考上普通高中,但他学习不努力,整天惦记着打游戏。他的爸爸想了很多方法都没有太大效果,最后只能向小刚承诺:"如果你考上重点高中,我就给你买一部手机。"爸爸原本只是预期他能稳妥地考上一所普通高中,便估计最终并不需要真的买,可没想到小刚竟然真的考上了一所重点高中。爸爸信守承诺为小刚买了手机,小刚则整个暑假都手机不离手,开学之后小刚的摸底考试成绩在班级垫底,高一升高二的暑假小刚表现得毫无斗志。他的爸爸心想,按照这个成绩下去,小刚考上一所二本学校都很难,小刚的问题已经很难解决了。

小刚的爸爸望子成龙的心情可以理解,但他急功近利,只顾眼前,不考虑未来的做法却非常不可取。如果当时爸爸能从孩子内心需求出发寻找解决方案,后面就不至于造成这么难以收场的局面了。虽然解决手机问题不是本节的主题,但估计大部分父母都很关心,所以我会在本章后续内容中专门讨论这个问题。

小明小学时成绩还可以,但是距离考上重点初中还稍微差了一点。他的妈妈在他上六年级时强制让他参加了小升初补习班。小明讨厌上补习班,更讨厌妈妈强势的态度,但他又不得不顺从,后来也顺利考上了理想的初中。但到初二时,本来成绩中上等、与同学关系也不错的小明,却以不喜欢某位老师上课提问的方式为借口而不去上学。小明就这样休学了一个学期,其间他妈妈想了各种办法,并带小明去咨询了心理医生,最后他答应去上学了。可是,他只去了几天,又不去了。再见到小明妈妈时,她表示已经接受现实了。

小明小时候之所以不反抗,是因为他不敢;长大后,之前积累的情绪终于得以爆发。如果可以重来,他一定会拼尽全力反抗,不去上妈妈最在乎的补习班。然而,现在已无法再回到过去,他只能换一种方式把这种压抑释放出来,并希望给妈妈加倍的还击,甚至不惜以自己的前途为代价。**人在童年时没有得到的东西,在成熟之后总是会希望能加倍获得**。在这个案例中,小明在小时候没有获得不上补习班的权利,到了青春期后通过获得不上学的权利来弥补,这是多么痛的领悟啊!

看到这里,也许你开始担心自己以前要求孩子做的一些事情是否也会导致类似的后果了,其实并不尽然。多年的教育经验告诉我,每个孩子都是不一样的个体,性格自然也不同。小明属于个性极强的孩子,而且存在一定的报复心理;有的孩子如果父母稍微逼他一下,在他考上他原本都不太敢相信的好学校后会很感激父母当时逼了他一下,并且从此还会更听父母的话。因此,关键在于父母要先充分了解自己孩子的个性特点,然后因材施教,而不是生搬硬套所谓的教育专家的理论。

案例

在我大学期间,曾有两名同班同学因为沉迷网络游戏而被劝退,当时我对此感到非常遗憾,却又束手无策,但我在那时就相信,他们的父母采用的教育方式存在着很大的问题,估计他们在上高中时很可能听父母这样说过:"你现在好好学习,上大学后我就再也不管你了。"殊不知,越是进入好大学,劝退率越高。

要知道,考上大学并不是学习的终点,大学毕业也不是,学习是持续一生的事。

小贴士

上述三个案例都告诉我们,孩子学习这件事不能只看眼前这个阶段而不考虑孩子的未来。这个道理虽然简单,但是不少家长还是会忘记。要想让孩子在学习这条路上走得长久,最好的办法就是让他爱上学习,或者至少是不讨厌学习。

突破电子产品成瘾的束缚

看到这个标题,你是否有很高的期待?你是否心想,终于要讲能彻底解决孩子电子产品成瘾的方法了。事先声明,电子产品成瘾的问题是不可能被彻底解决的,只能在一定程度上得到改善。

任何经验丰富且负责任的家庭教育专家、任何专业的心理学家,都不会承诺可以让孩子戒掉网瘾。关于沉迷手机的现象,互联网最著名的预言家、被誉为"硅谷精神之父"的凯文·凯利曾说:"任何事物在刚刚出现的时候,人类都要学着慢慢适应它,我也持同样的态度。"不过,我们并不是什么都不能做,我先来分享一件我上大学时发生的事情吧。

 案例

我在读研二时,我校大一新生小张因为沉迷网络游戏导致多门功课不及格,只能留级。留级后他继续消沉,用游戏麻痹自己,竟然所有功课都不及格,按照学校的惯例,只有退学这一条路。他的妈妈非常伤心,从老家赶过来和班主任苦苦哀求,班主任出于无奈只好答应:"如果能请到一位老师帮助小张将所有功课都补上,他就可以留校继续学习。"其实,班主任也只是想表示一下态度,而不对此抱任何希望。

小张的母亲经人介绍找到我,在接近深夜11点时拉着我聊了半个多小时。其实我当时心里也没底,但看着她近乎哀求的眼神,我还是硬着头皮答应试试看。第二天,我前往小张的宿舍和他见面。我们决定当晚就开始学习。我们找到了一间人比较少的教室,我开始给他讲高数。后来每周三次,每次两个小时,他都很配合,我几乎没有和他提过关于别打游戏的话题。过了一个月,有一天晚上他没来约定地点学习,电话也打不通。我等了半个小时也没等到他,便索性去他宿舍找他,结果只见到了他的班长,便和他聊了起来,此时我才了解到平时班里几乎没人和他一起玩。后来,我又求助其班主任,看得出她也没少在小张身上花费心思,但她已身心疲惫,并认为大家尽力了就好,即使帮不到小张也不用有负罪感。接着,我又找其辅导员,当时她正在外地出差,我从电话里也听得出来她也是完全没办法了。

我曾见过很多因为沉迷网游而最终被劝退的校友,我深知此事几乎是不可能完成的任务,但当我看到所有人都没办法的时候,我反而来了兴趣,我决定死马当活马治,尝试最后一招。我通过师妹小静找到了和小张同龄的师妹小欧,我和小欧讲了小张的事情,并邀请她和小静在第二天和我以及小张一起吃晚餐,然后去KTV唱歌,我特意叮嘱大家在全程都要以小张为中心。那天,我们都对小张热情友好,还让他唱了好几首歌。小张特别开心,因为他感到了他又被大家关注了,大家真正把他当好朋友看了,他在学校终于有了属于自己的圈子。

我还请小欧邀请小张一同去上自习,并特别强调,不是要你们谈恋爱,而是要帮助小张进步。第二天,小张不到7点就跑到约定的教室了,结果发现教室还锁着门,突然感到腹中饥饿才想起自己没吃早餐,吃过早餐后又回来和小欧一起上了自习。

渐渐地,我看他状态不错,便把每周三次补课改为两次,并且每两周安排一次我们四人的活动,一直持续到期末。由于他有新修的功课,同时还有多门功课要重修,因此他在那个学期一共要参加10门功课的考试,对于一个普通的同学来说都很难兼顾,何况他还是一个状态堪忧的后进生。然而,奇迹发生了——他竟然通过了9门,这完全出乎了所有人的意料!

小张的妈妈对我感激不尽,这也让我对自己采用的方法更有信心了。于是,我和小张的妈妈商量:"我觉得下个学期不用给他补课了,我每两周安排一次集体活动就行了,我在平时也多和他交流,我相信他会努力学习的。"不过,小张的妈妈无论如何都不放心,坚持认为小张的进步主要归功于我给他补课,出去活动只起到辅助的作用而已。我拗不过他的妈妈,但我深知,小张都已经是大学生了,如果一直靠我的帮助,他最后是无法独立面对社会的。于是,我只好假意答应了每周给他补课,可实际上我只是偶尔给他答疑,几乎是没有补课的,但是每两周一次的活动却从来没有停止过。又一个学期下来,小张的成绩比较稳定,虽然分数不高,但是每门功课都及格了。

小张的妈妈知道我其实并没有给他补课后非常不放心,和小张的爸爸一起从老家赶来西安,恳求我帮忙,一定要把小张带到毕业。这次我的态度很坚决,把所有的想法都告诉了他们。因为根据当时事情的发展,我认为小张已基本步入正轨了。于是在接下来的学期,我连之前每两周一次的集体活动也不再组织了,因为我发现小张已经可以和他班里的同学打成一片了。

在他毕业前的最后一年,我基本没和他见过面,只是偶尔打个电话,问问他找工作的事情。后来我得知他去了一家世界500强的企业,我很开心。我知道,是我改变了他的命运轨迹,而且这段经历也成了我决定终身从事教育工作的原因之一,因为我发现自己真的很适合做教育。

在对以上案例的描述中,有多处显得文笔拖沓,甚至画蛇添足,但实则并非如此,我希望尽量完整地还原事件的每一个细节,尤其是希望读者身临其境地感受到,我当时作为一名非专业人士,在解决问题过程中遇到的种种困难时的反应。我认为解决问题除了需要能力和方法之外,其实更多的是责任心和耐心,以及在面对逆境时的反应,尤其是在面对所有人都解决不了的问题时,更要保持积极的心态。

现在我们来仔细复盘一下这件事。首先,我看到小张有多门功课不及格,我与他的老师和父母想的一样,都是要先帮他把功课补上来。可是过了一个月左右,起初还耐心配合的他突然爽约了,这是为什么呢?因为我当时只关注了他的"症状",也就是只看到了他表现出来的问题,然后便想着对症下药,直接去处理问题,看起来简单、直接、快速,但由于没有抓住问题的根本原因,因此并没有解决问题。于是,我接下来就开始向小张周围的人了解他的情况,分析他所表现出的问题其背后的原因。我发现,缺少朋友的关注也许是导致他学习缺乏动力的主要原因,而打游戏只是他用来麻痹自己的方式,或者是作为朋友的替代品,所以他不是因为打游戏才没有学习动力,而是因为缺乏心理营养而同时导致了没有学习动力和喜欢打游戏这两个结果,所以我就在这个方面进行努力。由于我当时没有任何心理学的理论基础,但仅凭感觉和换位思考就能体会到,如果换作是我,没有人关注我,没有人愿意和我交朋友,那么我当然得不到朋友的鼓励,我的心情也会变得更糟糕,学习只会更加没动力。于是,我找来和他同龄的师妹小欧,我事先做了几方面的准备工作:小欧是个古灵精怪的女生,可以给他鼓励;并且小欧是一个很上进的女生,可以更好地带动小张;之所以选择女生,是因为异性之间更容易相处,也更容易建立信任。

其实,大家没必要去效仿我的具体方法,而是去体会我的这种思路,即找到问题的要害——既然小张缺乏关注,那么我就去找最容易取得他信任的人来关注他,通过寻找大家共同的兴趣点(比如吃饭、唱歌、和他交朋友)为他赋能。因为我认为他之所以功课不及格是因为学习没动力,学习没动力是因为他缺乏能量,能量缺乏和自卑有很大关系,自卑是因为缺少别人的认可和接纳。一旦找到这个原因,就可以去寻找解决问题的途径。看到这样做有效果了,还需要每两周再来一次集体活动,目的是让能量接续上,通俗地讲就是"药不能停",科学地说应该是"心理营养不能停",因为他的心理正处于恢复期。我在给小张补充"心理营养"的同时,减少了给他讲课的时间,就是为了给他恢复学习意愿留出空间。由于他在期末考试中,自信心得到了本质的提升,因此我在下个学期就不再给他讲课了,讲课是针对他的"症状"(即功课不及格)的"处方药",针对症状的药应该先减量,每两周一次的集体活动是针对病因的"保健品",这个要缓慢减量,因此在停止补课后又持续了一个学期。在我看到他和同学交上朋友、他的生活步入正轨后,我也逐渐退出了他生活的圈子,将每两周一次的集体活动换成了偶尔的谈话交流,"保健品"被"日常营养食品"取代。小张的妈妈从头到尾的担心都是因为她不懂孩子、不懂教育,只看表面。

我在上文提到了"对症下药",这本来是个褒义词,但是在这个案例中被我用成了贬义词,你也或许有些困惑。其实,褒贬并不重要,关键要看用在什么情况下、如何使用。其实在这个案例中,我最想要表达的意思是希望大家能够找到问题的根本原因,从根本原因上寻求解决方案,我在后续的章节还会更加详细地阐述这一点。

目前家庭教育业内的专家对于孩子电子产品成瘾(尤其是游戏成瘾)的原因的看法也趋于一致,总结出以下三个常见的原因:

(1)在现实中缺乏认可和成就感,但是可以从游戏中获得;

(2)压力大,可以通过游戏来减压;

(3)缺乏关注、缺乏自己的圈子,需要用游戏来和更多的同龄人建立联结。

我们可以针对这三条来推测孩子沉迷游戏的原因,从而寻找解决方案,但也并不能完全排除有其他原因的可能。此外,这三个原因可以被归为一类——缺乏能量。无论是缺乏认可、缺乏成就感,还是压力大,或是缺乏关注、缺乏自己的圈子,都会使人长期处于情绪低落的状态——要么抑郁,要么自救。要想自救,最便捷的方式之一就是打游戏了。客观地讲,如果强行让所有沉迷游戏的孩子停止打游戏,同时又不给予他们其他方面的心理营养,就很可能会让他们抑郁,甚至是引发自伤甚至自杀。

我接触过的一个学生,自杀过两次,都被救了过来。心理医生建议她平时可以打打游戏,她却认为她不能这么做——因为她要做她父母眼中的好孩子,打游戏就意味着她"变坏了"。她这种超我远远强于自我的情况,往往会让人看起来很自律,实则很压抑,压抑久了就会出大问题。

对于沉迷游戏这件事,我认为,人人都需要心理营养,就如同人人都要食物一样,当孩子得不到足够的健康食物时,就会去寻找垃圾食品,此时父母就要给孩子补充足够多的美味可口又健康的食物,而不是一面不给健康的食物,一面又禁止孩子吃垃圾食品。就像缺乏食物会导致营养不良一样,缺乏心理营养也会导致心理问题。在现实生活中,我们其实很难在不伤害孩子感情的前提下,完全不让他吃美味可口但其实不健康的食物,那么最好的方法就是尽量改善健康食物的口味以减少孩子对垃圾食物的依赖。同理,我们也很难杜绝孩子玩电子产品(尤其是游戏),只能通过合理的方式减少他的沉迷——而这里所说的"合理的方式",就是给孩子补充心理营养。

　　看到这里,一定会有人感到遗憾,为什么不能彻底解决这个问题呢?为什么不能让社会只有美好,并让不好的东西彻底消失呢?其实,任何事情都有好的一面和坏的一面,我们要学会辩证地看问题。

　　辩证唯物主义观点认为"事物是在矛盾运动中发展的",而《易经》中提到"阴阳相克相生"就说明了这原本就是大自然基本规律的一种表现而已,我们没什么不能接受的,也不得不接受。我之所以花了这么多篇幅来告诉大家要接受这件事,主要就是现在有很多人利用消费者的这种心理,打着"戒除网瘾"的旗号招摇撞骗,骗了钱财是小,耽误了孩子是大。而且这种现象还远不止在教育行业,在医疗和保健行业更为常见,利用的就是人们对完美抱有的不切实际的幻想。

换位思维

小时候,我喜欢听黄家驹的《光辉岁月》,可无论怎么给父母推荐,他们却只喜欢听李谷一、董文华、蒋大为和李双江,他们说我听的流行歌曲太聒噪,他们听的才是经典。后来,我长大了,成了老师,在带夏令营的时候,我发现现在孩子们听的歌曲,我实在是欣赏不来,但想到自己的童年,我就完全接受了孩子们对音乐的审美,同时,也理解了当年父母对我的不理解。

很多家长抱怨说,孩子不听自己的话,但是却很容易受同学的影响,其实原因很简单,家长和孩子没有共同的成长环境,时代的快速发展,导致两代人的童年环境有了巨大的差异,不仅兴趣不同,价值观也不同。孩子不想听家长的话,就如同我不想听妈妈推荐的歌曲一样,因为我知道她和我的爱好不一样,认知完全不同的人之间交流,就如同猴子想把救生衣卖给鱼一样难。

孩子与我们之间的认知差异并不完全来自他们的年少无知,还可能是因为我们没有与时俱进。记得一次夏令营中,当我主动和一个少言寡语的孩子谈起东野圭吾时,她立刻两眼冒光,口若悬河。在物理课上,当老师敲击一个音叉的时候,与它固有频率相同的音叉很快也跟着振动起来,同频物体之间才更容易相互影响,这是一条普适规律。

43

钻进孩子的爱好里

 案例

琪琪,女孩,高三。

她的爸爸常年在外地出差,每月只能回家看女儿一次,平时几乎不和女儿打电话。她的父母关系不好,平时几乎没有交流,也没有办法缓和。

虽然琪琪和妈妈的关系不错,但她仍然经常会产生负面情绪。最近,她感觉学习压力很大,尽管成绩还不错,但偶尔会说"人为什么要活着""我觉得我就是为别人而活"等负面的话,已经表现出抑郁的迹象。

当我初次见到琪琪时,我在和她寒暄几句后便问她有什么爱好。她立刻警觉地对妈妈说:"你是否可以先离开一下?"在妈妈回避后,琪琪告诉我,她喜欢看书,最近在看《24个比利》和《献给阿尔吉侬的花束》。我当时真不了解这两本书,便坦诚地问她这两本书是讲什么的。她大概向我介绍后,我很感兴趣,便立刻用手机听书软件查询了书名,并了解到后者还获得雨果奖,是一本很好的脑科学方面的科幻小说,我和她说会花点时间听完这两本书。那天我们聊得很愉快,在她临走时我们还加了联系方式。

见面结束后,我也给琪琪的妈妈一些建议,教她在日常沟通中调整与琪琪交流的话题和沟通方式。

一周后,我与琪琪分享我听书后的感悟,我只是针对里面的某个情节说出自己的感受,并没有长篇大论、教科书式地谈中心思想。琪琪没想到我真的听了这两本书,而且听得这么快,她在表达了开心之后很快就主动把话题转移到学习上,问我如何学好历史和地理——要知道,我之前可从未和她谈过学习。

其实,我给她什么建议并不重要,她是否执行了我的建议也不重要,重要的是,她这次和我交流后,状态开始转好。她的妈妈告诉我,琪琪最近每天心情都很好,还能与妈妈深入地沟通,甚至有一次在聊完后母女二人抱头痛哭,消除了很多之前的隔阂,琪琪的学习状态也变得更好了。

分析

琪琪的父母常年分居,关系紧张,爸爸每周只能和她通一次电话,这些应该是问题的主要原因。如今琪琪已经上高三了,时间紧,要改变其父母关系恐怕来不及,且妈妈也坦言,丈夫不可能花更多时间陪女儿,于是我决定在一定程度上替代她的爸爸,给予她更多的能量,而不是改变她的爸爸。我选择了与琪琪直接沟通,我们之间的联系一直持续到高考。我要给她的是能量,而不是建议,所以我在最初和她见面时并没有一上来就和她谈学习,而是交流感情,寻找共同的兴趣点。当我发现"读书"这个切入点时,我感到非常惊喜,同时也很珍惜,便利用平时走路、坐车的碎片时间听书,然后很真诚地与她分享感受。在我与琪琪有了共同的经历、喜好后,我们自然就成了同路人,我们的联结也加强了。

也就是说,我接受了她看重的东西,她自然也更愿意关注我看重的东西——虽然我始终没有和她提过学习,但她一定知道我很看重她的学习,便在第二次见面时主动关注学习了。

其实,每个孩子的内心深处都有上进的需求,同时也需要认同感、归属感,当至亲的人与他的共同关注点很少时,他就会因为缺少归属感而感到焦虑,从而无暇考虑个人发展了。这是人类进化的本能,因为对于一个原始人来说,先要和自己的部落保持团结一致,然后才有可能考虑发展,因为离群索居对于原始人来说往往意味着死亡。"团结一致"包含了很多方面的含义,既包含空间上的(比如,大家经常在一起活动),还包括思想上的和价值观上的,因为只有和大家关注的事情一致,才更有可能被同伴接受。有脑科学研究表明,如果人的归属感不足,大脑就会被焦虑情绪笼罩,但由于大脑的精力是有限的,因此当负责焦虑的脑神经比较活跃时,那些负责上进的脑神经就无法充分活跃。

在这个案例中,一方面,我给了琪琪能量,让她产生一些归属感;另一方面,我也给了琪琪的妈妈一些建议,教她在日常沟通中调整与琪琪交流的话题和沟通方式。这样一来,琪琪获得了更多的归属感,也更愿意和妈妈沟通了,里应外合,最终实现了以上的效果。

这个案例说起来容易,但坦诚地讲,真正能配合好、最终达到理想效果的父母并不是很多。我认为,主要原因有以下两个方面。

(1)很多父母觉得自己很忙,没有时间去深入地了解孩子喜欢的东西。其实,他们花在说教孩子上的时间和精力并不比了解孩子的爱好所需要的时间和精力少。可是,效果怎么样?恐怕还不如深入地去了解孩子的爱好之后他所出现的变化。

(2)很多父母会戴着有色眼镜去看待孩子的喜好,往往会还没有了解就妄下判断,认为除了学习之外的事情都是不务正业,尤其是对于高三的孩子而言,时间都这么紧了,你竟然还看课外书?这简直是绝大多数父母不能容忍的事情,所以琪琪在和我说爱好的时候,要先支开她的妈妈。实际上,无论父母是否接受,绝大多数孩子都不太可能每天只想着学习,即使是在高三。因为人不是机器,长时间持续做同一件事会感到疲劳,需要放松,需要换换脑子。我们无法随时看着孩子,如果你不让他做其他事,他就会偷偷地做,或是和你闹情绪,这样做无疑会从这样的两个角度增加孩子的负担:一是他需要花更多精力去保证不被发现或是控制情绪,这将消耗他很多精力;二是你不让他做只会导致他更想做,这无疑会使在学习以外的事情上他花费更多的时间和精力,但他的内心又会感到自责,甚至是沮丧。

你可能会感到疑惑:难道不管了吗?当然不是,但管的方式是引导,而不是控制。

不少父母宁愿在说教孩子这件事上花费 100 分的力气,也不愿在了解孩子上花费 50 分的力气,希望通过管教的方式使孩子改变,最后很可能会适得其反。

遇到这种问题,父母不要急,不妨静下心来仔细盘算一下,耐心地以孩子的爱好作为切入点,继而走进他的心。这真的急不来,因为没有更快的办法,因为这就是事情本来的发展规律,也是宇宙本来的规律。

> **小贴士**
>
> 在电视剧《小欢喜》中,季胜利为了走进儿子季杨杨的心里,愿意花时间去体验杨杨最喜欢的赛车,最后也是通过杨杨习惯的渠道——网络论坛,与杨杨沟通才取得了那么好的效果。
>
> 这段情节是有生活原型的,也是站得住脚的。当真正愿意去了解孩子的爱好时,孩子才更愿意认真倾听你的观点,这也是我从事了 13 年一线教学工作的深刻体会。

价值观的换位

我们长大了,父母却老了,我们愿意为父母花钱买好衣服、买好吃的,给父母钱让他们去旅游,却很少有人愿意陪父母去地摊淘便宜货,也很少有人愿意和父母讨论白菜多少钱一斤。

之前我也是这样,但近期我将母亲接来同住后,想法就发生了改变。因为我发现,之前按照我的方式去做,即使花了很多心思去计划,母亲即使表现得比较开心,却看不到她很灿烂的笑容。于是,我决定按照她最喜欢的方式来。

我陪母亲去服装批发市场淘便宜的衣服,去逛露天的菜市场,虽然那儿的购物环境没那么好,但我看到母亲灿烂的笑容后就知道,这次我做对了。我放弃了直播前的准备时间,陪母亲不紧不慢地往家走,虽然直播有点仓促,但是她很高兴;我可以陪母亲讨论肉菜的价格变化,聊聊柴米油盐,我也为自己能做到这些而感到高兴,因为这意味着我的共情能力有所提升,我也因此获得了更多的自我认同。可以说,陪母亲做这些不是付出,而是双赢。

上一辈人的经历和我们不同,这就造就了两代人形成了不同的价值观。要想对父母好,就不能只根据我们的价值观来定义事物的好与坏,而要了解他们的价值观。父母老了,我们要抓紧时间尽孝,毕竟"子欲养而亲不待"是世上最悲哀的事情之一。

同理,孩子成长的时代和我们不同,年龄也和我们不同,看重的事物当然也和我们不同,我们没有权利仗着自己是大人就把自己的价值观强加给孩子,毕竟,世界的未来属于他们。**要爱孩子,就要先了解孩子,尊重孩子的价值观,至少要先试着站在孩子的角度去看看。**

 案例

女儿四岁时,有一天她在小区里和年纪相仿的邻家女孩朵朵玩踢球,我和朵朵的爸爸在旁边观看。两个孩子都太小,行动不够敏捷,经常接不到对方踢过来的球,便常常要跑很远的地方去捡。朵朵的爸爸着急了,开始提醒朵朵要如何注意接球,详细指导孩子的动作。然而,朵朵还是接不到,仍经常需要跑很远的地方去捡球,还常在捡球时不小心踢到球,令球滚得更远。朵朵的爸爸便在后面跟着她做技术指导,告诉她该如何注意手脚的动作,可她仍然重复犯错。我则远远地在一旁安静地看着这一切,只在女儿捡到球时偶尔给她投去赞许的目光,或是点点头,抑或是竖一下大拇指。起初,我女儿并不比朵朵更灵巧,失误的频率甚至更高,但是过了一会儿后,我发现女儿似乎摸到了一些门道,动作也变得利落一些了,捡球过程中追球跑的距离越来越短。她的表情告诉我,她已经在这个过程中体会到成就感了。然而,朵朵则没有因为爸爸的指导而有太大进步,我倒是在朵朵脸上捕捉到了一丝不耐烦。

 分析

在这个案例中,朵朵的爸爸做了很多,可是朵朵不仅没进步,而且似乎对踢球产生了厌烦情绪;我则几乎没做什么,只在必要的时候给孩子点赞,女儿却有了明显进步,重要的是她越来越喜欢玩球了。读到这里,你或许已经对《道德经》中的"无为"有点感觉了。那么,这其中包含着什么玄机呢?其实很简单,主要就是我们和孩子看重的东西不一样——**大人往往更看重结果,孩子则往往更看重过程**。朵朵的爸爸只看到了孩子接到或是没接到球,在捡球的过程中熟练或是笨拙;我看到的则是女儿在每一次笨拙地捡球时所感受到的东西——她正在逐渐积累经验,她正在不断学习。由于我和朵朵的爸爸看到的不同,因此我们所做的事情也不同,我是尽量不去打扰孩子自己学习的过程,让她专注地感受,本能地调整,在不知不觉中成长。

也许会有人质疑,小孩子哪懂得总结和复盘?如果小孩子自己都行,那还要老师干什么呢?现在我们来做个假设:如果给你和你的孩子每人一部同款的新型手机,安装的是市面没见过的全新的系统,在同样的时间内,你认为你和孩子谁对手机的操作更熟悉?

答案很可能是,孩子比你能更快、更详尽地了解手机的操作及各种隐秘的功能。为什么呢?孩子在刚来到这个世界时什么都不懂,他头脑中的最初预设就不是看重结果,因为一定是先经历学习过程,才体现学习结果,所以其大脑的预设模式使他非常享受过程。如果孩子刚出生便和成年人一样——注重看结果,对过程毫无兴趣,那他还会持续经历学习的过程吗?他会感到痛苦,也会在学习过程中减少投入,结果一定会让他比其他孩子差很多,逐渐就会被大自然淘汰了。因此,孩子比成年人更注重过程,也更享受过程,这是人类进化的本能。

如果你不容易理解,那么不妨反思一下:孩子在小时候是不是经常喜欢反复看同一部动画片?是不是喜欢反复听同一个故事?是不是喜欢经常去同一个动物园?为什么会这样呢?因为如果一个成年人已经看过大象了,那么当他再看的时候就不会那么兴奋了,即成年人看重的是"我见过这个动物,我已经具备了这样的经历",而这些都是结果;孩子则看重的是"我此时正在经历这样的事情,我正在了解大象的样子、动作、习性",这是过程。换句话说,成年人看重的是"我有怎样的经历和见识",孩子看重的则是"我正在经历和见识",这是年龄差异决定的。因此,成年人只会在第一次看见大象的一瞬间感到兴奋,孩子则会在每次看到大象时都兴奋,而且每次兴奋的时间也会比成年人长。他们对很多东西不会仅仅满足于见过,也不会像成年人那样把自己的见识当作吹嘘的资本。大象的一举一动在孩子看来都是新的见识,而成年人则从不会告诉别人"我见过大象走路""我见过大象吃东西""我见过大象拉臭臭",成年人只会说:"大象啊,我看过了。"因为这是一个标志性的见识,而其他的细节则都属于这个见识下面的子见识,不值得一提。

正因为孩子对过程的敏感和对细节的好奇心,所以他们在对事物的探究过程中往往表现得比大人更求甚解、更有耐心,他们也会比成年人更爱问为什么。成年人之所以在看到孩子做得不够好时想去帮忙,是因为成年人以为孩子也和自己一样急于看到结果,并愿意为此放弃享受过程的快乐,便想当然地认为他们很希望有人帮忙。殊不知,孩子也许正在享受这个过程,而成年人的帮助可能会搅扰了他的兴致,这是成年人对孩子想法的主观揣测,甚至是对孩子价值观的绑架。

踢球游戏和看大象的例子只是千千万万场景的缩影,从孩子出生到大学毕业,乃至结婚生子,哪个环节不是父母比孩子更着急?面对父母的着急,孩子的反应和后续的结果大致可以分为三种。

第一种,父母越着急,孩子看起来越不着急。他的心理过程是这样的:他本是打算慢慢来,慢慢享受自己使事情变好的过程,尽管并不确定最后能达到什么程度,但他相信自己只要想办法并配合一定的行动,那么至少会有一些变化。更重要的是,他在利用这个过程了解自己的能力,这其实是人类从事的一项非常伟大的事业——探索自我。这是一个很美好的过程,能让他有充分的安全感,不会被焦虑笼罩,因为他并没有充分考虑结果的好与坏对他未来产生的影响。然而,在被父母打破了这份美好后,这样会令他感到很厌烦,为了让父母不再搅扰,他会用行动给父母制造负反馈,即让父母看到,他们的焦虑和催促导致的结果和他们想要的刚好相反,以期望父母停止焦虑和催促。然而,大部分父母却没有给予重视,只把孩子的这种负反馈理解为他的"叛逆",反而加大了监督和催促其学习的力度。孩子为了引起父母的重视,只能加强负反馈,并在这个过程中不断内耗——消耗的不仅是时间,还有孩子的进取心。经过几年的时间,孩子往往会对在学习进步这件事上获得成就感不抱任何希望,因为:第一,他发现父母的搅扰似乎是永久性的,永远都不可能停止,这样他就无法一个人静静地享受过程;第二,因为长时间与父母抗争,所以耽误了学习进度,再想补上去就很难了,使得成绩没有稳步进步,反而不断倒退,希望在学习过程中获得进步的成就感变得不切实际了,于是他常常会在内心萌生退意。有些孩子在此时会逐渐模糊地意识到学习的重要性,便开始妥协,开始变得和父母一样,更看重结果,这就导致了第二种情况的出现。

第二种,孩子理解了父母的想法,意识到学习确实很重要,父母着急,孩子自己也开始着急了,便开始努力学习了。不过,此时驱动他进步的动力发生了变化,即不再是享受过程,而是只注重结果。如果孩子有这种心态,其具体表现就是,平时不努力,却会在期末考试前突击——因为平时没有重要的考试,即使努力学习了也看不到结果,因为他已不再享受过程了,便只能依靠结果来驱动自己,便在期末考试前突击。回想一下你上学时的经历,是不是大多数人在小学一年级时都很少有考前突击的习惯,随着年级不断升高,这种迹象越发明显呢?其实,我一直将"平时努力学,考前不突击"的习惯保持到了高三,也是全班唯一一个在高三还有这个心态的人。正是这样的心态,使我从高一入学时全校的400名进步到了高考时全区理科第一名。孩子与父母一起焦虑的心态,会导致其学习过程中心态的变化,经过长时间的积累,最终会导致其成绩上的差异。

第三种,父母着急,孩子受到的影响很小,不给予父母负反馈(即"不叛逆"),同时也不被父母裹挟着一起焦虑,而是始终保持着自己的节奏稳稳地学习进步。起初父母也许会着急一阵子,但在慢慢地看到孩子的进步后,就变得越来越平静了,也能给孩子创造更好的学习环境。当然,这种孩子比较少见。

实际上,并不是只有以上这三种情况,大多数都处于这三者之间——孩子的内心一部分在和父母的焦虑抗争,表现为"叛逆";同时也在逐渐受到环境的裹挟,变得以结果为导向;偶尔也能留下一丝内心的宁静,真正享受学习的快乐。若将这三种心态以不同比例组合,就会得到无数种结果,也就是每个孩子不同的心态。

第一种心态占比多的孩子,其父母会感到很痛苦,认为孩子不懂事,不知道学习重要,感叹自己为孩子操碎了心。

第二种心态占比多的孩子,看起来心态比较成熟,通常会被外人认为很懂事。因为他们的想法和父母更接近,而成年人又总是自以为是地把想法与自己接近的孩子称为"懂事的孩子"。这种孩子看起来很努力,但往往很盲目,其中有些孩子的目标是为了取悦父母,而有些孩子的目标是为了考个好大学,却并没有享受学习的过程。值得强调的是,他们中的有些孩子原本天赋异禀,但因为"探索自我"这个大工程的夭折,便导致他们一辈子都不清楚自己到底该干什么,迷茫而平庸地度过了一生。

第三种心态占比多的孩子仅占少数,他们不见得成绩优异,因为除了父母的教养方式之外,确实还得看天赋。不过,他们往往会在自己的可能性范围内发挥得比较好并且更可能实现终身成长,他们的家庭也往往比较和睦,他们的心理也会比较健康。

古人云"失败乃成功之母",心理学家却认为"成功才是成功之母",到底哪个更合理呢?其实二者都有道理,关键要看你怎么理解。爱迪生在发明电灯的过程中尝试过1000多种材料做灯丝,却都不适合。别人认为他这是失败,他却认为自己这么做是排除了1000多种不适合的材料。爱迪生成功的秘密就在于,他比常人更看重过程的价值。

回到上文的案例,朵朵的爸爸的引导导致朵朵的价值观偏向结果,忽视了过程,于是朵朵才表现出不耐烦;我的女儿则在我的鼓励下看到了过程的价值,所以她后来才越来越有兴趣。

我们从失败中获得的是经验和教训,可以帮助我们寻找更好的方法;我们从成功中获得的是自信,成功需要好的方法,也需要自信。因此,"失败乃成功之母"和"成功才是成功之母"这两句话说得都没错,关键是要看到过程与结果的相关性——相关性产生价值感,价值感产生抗挫力,因此保留孩子对过程的兴趣也是培养其抗挫力的一种很好的手段。

我们说过程重要,但这并不意味着结果不重要,关键在于我们需要根据场景来选择侧重点。比如,对于工作来说,结果比过程更重要;对于学习来说则相反。从时间长度上讲,周期越长的任务,在最初的时候,过程比结果更重要,因为如果一开始就不享受过程,参与者就很难全情投入,最后的结果自然不会太好。上文之所以特别强调过程的重要性,一是因为讨论的对象是学习,二是因为学习的周期将持续终生。如今,学习之所以被中考、高考划分为若干个阶段,那只是社会为普及大众教育及人才选拔所做的迫不得已的选择,而这本身就使一些孩子在学习过程中变得焦虑,父母需要做的是调节平衡,也就是帮助孩子更好地找到学习过程的乐趣。因为过程是结果的原因,但我见过的绝大多数父母的行为恰恰相反,这正是我强调过程重要的原因。

以上说了很多过程和结果的关系,但这只是举例说明在我们和孩子的价值观存在区别时,要去重视孩子的价值观。孩子之所以有这样的价值观,一定有其背后的原因,尽管由于人类基因演化的速度跟不上社会的发展,孩子还有很多价值观(比如餐桌礼仪、金钱观、社会道德与法律等)需要成年人的引导,但仍然有一些基本的价值观,尤其是学习的方式,是非常具有保留价值的。即使孩子表现出了不合适的价值观,如果成年人能在理解和尊重的前提下加以引导,效果也会好得多。

> **小贴士**
>
> 在没有危及孩子的身心健康和生命安全的前提下,你对孩子的行为可以依据这两种情况来考虑。
>
> 一是当孩子的行为没有妨碍到别人时,如果你想干预孩子,那么先要确认是否真的有必要这样做,因为孩子的做法也许有他的道理。如果你要干预,那么也最好先争取孩子的理解。
>
> 二是当孩子的行为妨碍到别人时,你要考虑的是如何干预、他为什么要这么做、他有什么需求。这都需要你先去理解孩子的价值观,必要时再加以引导。分享一下我理解孩子价值观的方法——回忆自己童年时对某件事的看法,因为我们也曾是个孩子。

探索孩子的善良动机

案例

在一次冬令营中,大家正准备上木工课,我却发现晓锋和另外两个男生不见了。有同学说他们向后山走了,我连忙顺着同学指的方向去寻找,很快便看到了远处的三个人影。我并没有大声呼喊他们,也没有快速赶上,而是在离他们不远的位置默默跟随。他们一直往山上走,但在发现我跟在后面后也像是没打算改变计划。不过,他们停了下来,好像是找到了他们要找的东西,然后就心满意足地往回跑,飞快地从我身边经过,很快就又变成了我跟随他们。没过多久,他们在山脚下的河边停了下来,我赶上去好奇而平静地问他们在做什么。他们告诉我,要把找到的松塔放在小河里泡一天,看看明天会发生什么变化。等他们放好,我们便一起回到教室,木工课如期开始,他们显然已经迟到了。

下课后,负责木工课的老师希望我和他们谈谈。我对他们说:"你们去山里找松塔,是因为你们有好奇心,有探索大自然的进取心。小时候进取心强的人,长大了之后通常都是要做大事的。"当时晓锋没有说话,但从他的表情上可以看到得意和担心——得意是因为我说出了他的优点,担心是因为他觉得这可能是"暴风骤雨"前的铺垫。我接着说:"你们还把松塔放到水里,等到明天再观察,你们这就是做实验啊!你们在主动地探索自然,而且是有计划的,很了不起啊!现在有很多学生都被考试压倒了,像你们这样有探索心的学生已经不多了!"晓锋开始有点放松了,虽然也不知道该说些什么好,但他心里的想法都写在脸上了。我看到他的样子,就猜到他平时没少被老师和父母批评,突然被我这么对待有点不知所措。我又表示,刚才跟随他们过去只是为了让我自己内心更踏实,因为我很关心他们的安全。说完,就让他们去和大家一起活动了。

估计晓锋是第一次被这样对待,有些不习惯,也感觉到了冬令营的老师和他平时接触的老师有所不同。接下来的几天,他们三个最调皮的男生再也没有缺席过冬令营的任何活动。另外,我还听其他同学说,晓锋在一次和其他同学发生矛盾时说:"在这里我就是装装好学生,这要是在我们学校,我早就揍你了。"后来,我从晓锋的妈妈那里了解到,他上小学时成绩还可以,但在上了初中后成绩开始下降,在学校的表现也不太好。从他在冬令营的表现可知,他真的已经很努力地在改变了。尽管他还在用"装"这个字眼来形容自己,但只要他愿意"装",就说明他心里是知道什么样才是好的,并且任何人都不愿意永远做"坏人",除非是没人信任他。① 如果一个孩子长期被老师和父母贴上"坏孩子""差生""不省心的孩子"等标签,那么即使其内心再想好、再渴望被别人看到内心的美好和善良,也难免会做一些违反纪律的事情。

晓锋原本的状态是每天玩5个多小时的手游,根本不学习。在冬令营的那几天,他在每天晚上拿到手机的那半个小时也要抓紧时间玩一会儿。冬令营结束后,晓锋回到遥远的家乡。我们曾在电话里长聊过一次。三天后,他告诉我,他要开始刷题了,因为还有半年就要中考了。他还特地叮嘱我,不让我告诉他的妈妈,我估计是他很担心妈妈会对他产生过高的期待,从而导致她心急,心急又会导致催促和监督。他原本就很脆弱的意志力是经不起这些搅扰的,他自己也很清楚,人生的转折可能就看这最后的半年了,于是他干脆不想让妈妈知道。

我十分理解晓锋,也很想抱抱他,给他力量,给他我所有的相信和支持。我看到的是一个孩子想彻底改变,却没人充分信任他。后来因为工作忙,我也没有再和他联系,不知道他后来怎么样了,我不敢抱什么太高的希望。因为晓锋曾告诉过我,他家里除了妈妈每天做家务之外,爷爷、奶奶、爸爸,以及常来家里的叔叔、伯伯,每天除了打麻将就是玩手机,这令他不知道自己除了玩手机外还能干什么。作为一名老师,我有一种强烈的无力感,有太多这样的孩子需要我的关爱,可是我又能帮到几个人呢?如今,三年过去了,不知道今天的晓锋是怎样的状态?是中专毕业准备找工作,还是正在高三备考?无论如何,我都想对晓锋说:"即使你初中毕业就出来打工,你也是很优秀的,因为我看到了你的进取心。一个有进取心的人,无论

---

① 关于这个心理,我建议大家看一下《悲惨世界》,其中的主人公冉·阿让就是该心理最典型的例子。

学历高低、无论从事什么工作,人生都不会太差。"

其实,孩子在做绝大多数事情时,其内心最深处的原始动机都有美好的一面,要看父母是否善于发掘。

 案例

孩子考试成绩不及格,涂改了试卷上的成绩。妈妈一眼就看出来了,但她并没有生气,而是告诉孩子:"宝贝,你修改成绩是因为你想做个成绩优秀的学生,这说明你很有上进心,我为你感到骄傲。"孩子哭了,抱着妈妈说:"妈妈,你真好,我一定会努力的!"一个学期后,孩子真的考出了他涂改之后的分数。

还记得陶行知四颗糖的故事吗?这个故事流传得很广,很多人都赞叹陶行知先生的智慧和教育格局,但在同时也感叹,这样的好老师太少了。这个故事大概是这样的。

陶行知在一所学校担任校长时,有一天在校园里偶然看到学生王友用小石块砸同学,他立刻制止了王友,并让他放学后去校长室。

放学后,陶行知来到了校长室,看到王友已经等在门口准备挨训了。见面后,陶行知给了他一颗糖,说:"这块糖奖励给你,因为你按时到这里来。"王友惊讶地睁大了眼睛,犹豫后接过了糖。没想到,陶行知又掏出一颗糖放到他手里,说:"这块糖也是奖给你的,因为我叫你不打人,你就立刻停止了,说明你很尊重我。"王友更吃惊了,陶行知又掏出第三颗糖给他,说:"我调查过了,你用小石块砸那个同学,是因为他不守游戏规则,欺负女同学。"王友立即流着悔恨的泪说:"陶校长,你打我两下吧!我错了,我砸的不是坏人,而是自己的同学啊!"陶行知满意地笑了,掏出第四颗糖递过去,说:"你能正确地认识自己的错误,再奖励你一块!好了,我的糖发完了,我们的谈话也结束了。"

我希望天下的父母和老师都能看到这个故事的精髓——陶行知在一

步一步地引导孩子发现自己内心的美好动机,意识到自己原来是这么好的学生。**当孩子被看见、被认可时,他自然会向好的方向成长!** 只要用心思考,这样的思维方式就不难学,我真心希望天下的好老师、好家长越来越多!

我们在学习前人经验的同时,一定要注意,**绝不能被方法的表面所限制,而应抓住其核心思路,不仅方法可以灵活多变,使用的场景也要灵活**。这种思维不仅适用于孩子犯错时,在平时的沟通中也适用。

小辉,男孩,初三。

小辉的妈妈听了我的网课后,给小辉报了我们的夏令营。不过,因为小辉和妈妈的关系一直不太好,所以他对妈妈推荐的一切都很反感,但妈妈非常希望小辉能在夏令营中有所进步,最后费尽心机说服小辉,并千里迢迢把他送过来。由于很勉强,因此小辉只是答应过来看看,并没有答应参加夏令营。

来了之后,接待的老师介绍说大家可以在开营仪式中表演自己的拿手节目,小辉便以"我不想表演节目"为由,说自己更不想参加夏令营了。小辉的妈妈很着急,在现场和小辉吵了起来。小辉一气之下,趁妈妈不注意,独自跑出去散心了。幸好他带着手机,但是谁打电话他都不接。几个小时后,电话终于接通了,妈妈在电话里哄骗他说可以不参加夏令营,但是就算走也得回来跟老师道个别,小辉便答应回来了。

小辉回来时,我正在会议厅和同学们参加开营仪式,同事过来让我和小辉聊聊,我赶紧跑了过去。我看到小辉独自在前台旁等候,便和他聊了几句,发现他内心非常封闭,很难打开他的心扉,这是沟通的最大障碍。没有信任,一切都无从谈起。

看着一脸戒备、高大健壮的小辉,我突然灵机一动,赶紧给他的妈妈打电话,用很生硬的语气说:"你怎么还没过来呀?我正在主持开营仪式,现在都没管其他的同学,专门来等你!"小辉的妈妈此时正在报到处附近的酒店,我们事先也说好了,等孩子到了就给她打电话让她过来,而且我也不是主持开营仪式的老师,我这么做是为了制造一个契机。果然,小辉的手轻轻地触碰了一下我的手腕,然后又缩回去了,我记住了他的这个细微的身体语言。

没多久,他的妈妈就赶了过来,我立刻对她说:"你的孩子太棒了!你还说你们平时关系不太好,但在关键时刻,他还是很想保护你的。刚才我在电话里对你态度生硬,他就碰了我一下,这个身体语言代表他想要攻击我,目的是要保护你。不过,由于他是一个很有涵养的孩子,因此他只是表现出了一个细微的动作。我认为小辉是一个真正的男子汉,很大度,尽管他在平时和妈妈矛盾不断,但在关键时刻根本不会和妈妈计较,还能毫不犹豫地和妈妈站在一边。你们应该多沟通,这个孩子真的很好!"说完,我看到小辉的表情出现了一些微妙的变化,尽管他什么都没说,但是我猜他当时心里一定是这么想的:"我现在有点想参加夏令营了,但是我之前都说好不参加了,要是现在反悔,我就会很没面子的,我可是个大小伙子了。"但是我还是希望小辉自己想通以后再决定。于是,按照原计划,他们回酒店收拾行李去了。

大约两个小时后,小辉和妈妈又出现在报到处的前台,他妈妈告诉我说,小辉现在答应参加夏令营了。我和夏令营的老师都表示欢迎。后来,小辉的妈妈私下告诉我,他们回去后,她苦口婆心地劝小辉还是参加夏令营吧,说准备了这么久,还特地坐了飞机过来,多不容易啊!当妈妈的都希望自己的孩子好,让他参加夏令营也是希望他能变得更好⋯⋯说着说着,她哭了。然后,小辉突然抱住妈妈说:"我愿意参加夏令营,但我这么做是为了不让你那么难过。"妈妈很吃惊,因为小辉之前从来都没有表现出照顾妈妈感受之类的行为,太令人意外了。我对她解释说,小辉是在给自己找个台阶下,他的内心其实早就接受我了。

在接下来的几天的活动中,他也不再封闭自己了,我看得出来他和大家沟通时故意表现得轻松开朗,但那明显不是他平时的常态。在整个夏令营期间,他都很积极地参与活动。在休息时,他还会主动给老师们倒茶水,所有的老师都非常喜欢他。

至今我还记得小辉的面色和表情矛盾的样子——他面色灰暗,是长期抑郁或焦虑所导致的亚健康表现;他的表情却在微笑,这与其灰暗的面色形成了鲜明的对比。我相信,他在夏令营的几天里的经历是他平时很难感受到的,但我并不认为他会因此而发生彻底的改变,因为短短的几天夏令营很快就会结束,如果他的妈妈不改变,那么小辉以后的情况还是很让人担忧的。

也正是为了千千万万这样的孩子,我才写了这本书,希望广大父母得以进步,这样才能彻底解决孩子教育问题。

分析

在这个案例中,小辉和妈妈之间存在着很深的矛盾,妈妈是个焦虑又要求很高的人,小辉本来成绩不错,但伴随着亲子矛盾的不断升级而导致其成绩节节下滑,亲子缺少真正的沟通。因此,我故意在电话里用生硬的语气和小辉的妈妈说话,就是希望为他们创造一个真正沟通的机会。要知道,每个孩子的内心深处都愿意保护自己的父母,即使父母有再大的错,也是血浓于水。因此,只要适当地激发孩子的这种表现,就能借题发挥,制造一个亲子沟通的机会。小辉在回到宾馆后抱着妈妈说的那句话,就是他们真正沟通的开始。

心理学中有一个"罗密欧与朱丽叶效应",指的是当出现干扰恋爱双方爱情关系的外在力量时,恋爱双方的情感反而会加强,恋爱关系也因此更加牢固。

基于这个效应,我也为他们故意制造出了一个外部矛盾,希望他们将矛头一致指向我,这样我就能找到话题的突破口了。不过,这个力度需要拿捏得非常好:如果力度过猛,就容易把事情闹大,可能会不好收场,会造成麻烦;如果力度不足,那么无论孩子有多么想保护父母,但他并没有表现出来或是表现出来了,但是你没有捕捉到,你就难以借题发挥,说不到点子上,孩子就会觉得你很虚伪,也无法实现预期的效果。

我在处理这件事时只用了十几分钟,但我相信,他们亲子之间达成的和解也许是几个小时的心理咨询都达不到的效果。因此,无论你是一位老师还是一位心理工作者,如果能很好地使用这个办法,就会事半功倍,并能用有限的时间和精力帮助更多的家庭。不过,这需要经验的积累,否则最好还是谨慎使用。

> **小贴士**
>
> 奥黛丽·赫本曾说:"我的眼睛之所以漂亮,是因为它能看到别人的优点;我的嘴巴之所以迷人,是因为它常常说出别人的长处。"我希望所有的父母都能看到孩子内心的善良动机,也能看到生活中美好的一面。
>
> 正如法国雕塑家罗丹所说:"世界中从不缺少美,而是缺少发现美的眼睛。"

了解孩子的心理需求

在前文小张的案例中,我提到了要考虑人的心理需求。我正是发现了小张需要的是关注,是自己的朋友圈子,以及自己在圈子中的地位,我便给他创造了这么一个圈子。于是,他自己就慢慢变化了,我给他讲课也越来越少了,直到他能完全不依赖我。

案例

小怡,女孩,初二。

小怡的妈妈在有了小怡后放弃了工作,选择了做全职妈妈。这看起来轻松,其实比上班还难——不仅要做保姆、家庭教师等,还要"7×24"小时待命。丈夫有时还会觉得她没给家里带来经济收入,便给她脸色看。再加上平时小怡与她的关系也不是很好,更让她承受了很大的压力。

在我初次见到小怡的妈妈时,我从她的面色就意识到她在生活中可能有很多不如意之处,后来在与小怡的多次沟通中更是得到了验证——不仅是根据小怡的描述,更是从小怡的态度上。虽然小怡的天赋不错,之前的成绩也还可以,但是在妈妈营造的家庭氛围中,她的成绩步步下滑。

有一次,小怡和妈妈发生矛盾后陷入冷战。小怡为了避开妈妈,自己偷偷地到二楼卫生间里把作业写完了。母亲没看到她写作业,焦虑了一宿,可次日又没等到老师在群里点名,憋了一肚子火但找不到发泄的途径,便给老师打电话问:"我昨天没看到女儿写作业,她今天交作业了吗?"老师说:"她交了。"小怡的妈妈说:"哎呀,那她会不会是抄了同学的作业啊?请您问问她吧!"就这样,小怡被老师莫名其妙地叫到办公室接受盘问,最后她费了好大劲才跟老师解释清楚。

分析

母亲关心孩子的学习,动机是好的,但如果用错了方式,就可能好心办坏事。此外,人是感性的,在生气的状态下很可能会做出不理智的行为。因此,小怡妈妈的做法存在一定的成分是为了证明小怡是错的,维护她自己的权威,是为了找机会发泄自己的怨气。

无论是小怡的妈妈还是老师,都对小怡的这一行为感到困惑,不知道她为什么要这么做,否则小怡也不需解释那么多才获得老师的信任。如果老师非常懂孩子，那么她不仅会在第一时间理解并相信小怡，还应该给她的父母打个电话，帮助其改善亲子关系、消除误会。

为什么孩子之间更容易沟通，甚至有的孩子更愿意听同学的话而不是自己父母的话？因为孩子之间更理解彼此，如果小怡和同学说这件事，那么很可能根本不需要解释，只是一个眼神就能让她知道"你懂我"。

青春期的孩子首先要争取的是权利，是不希望被管控。如果小怡在妈妈面前写作业，就说明妈妈和她吵架产生效果了，小怡很可能会这么想："妈妈肯定以为我这是听她的了，她以为自己的方法奏效了，下次还不得变本加厉地管控我啊！其实，我写作业是因为我知道学习很重要，我才不想因为和她吵架就耽误学习呢！毕竟，要是学习不好，将来吃苦头的是我自己，又不是她。"然而，小怡的妈妈却根本没想到孩子会这么想。

父母对孩子的印象往往会停留在襁褓里的那个阶段，觉得孩子永远都是个孩子，永远都需要自己的叮嘱、管教，要是孩子什么都懂了就不是孩子了。可事实上，孩子是在一天天长大的，光阴似箭，日月如梭，一转眼孩子就比父母都高了，难道你没注意吗？孩子已经长大了，他会有自己的判断，他有时之所以不愿意在父母面前承认一些道理，就是因为他要争取自由的权利。曾经一次全国大专辩论赛的一个辩题是"真理是越辩越清，还是越辩越不清"。对此，我的观点是：如果是为了输赢而辩，就一定是越辩越不清；如果是为了追求真理而辩，当然就是越辩越清了。父母和孩子之间的争论往往是为了输赢，而非为了真理，自然就是越辩越不清了，但孩子的心里还是很清楚的。因此，当他的行动符合你的观点时，为了掩饰，他只能避开父母的视野。

为什么青春期的孩子这么热衷争取权利呢？其实，不仅是青春期的孩子，任何年龄段的人都有争取权利的倾向，只是程度不同而已。因为**只有按照自己的想法去做的事，才有可能为自己积累底层经验**。为什么有人说特别听话的孩子往往没出息呢？因为如果一个人总是按照别人的想法去做事,那么即使他成功了,也只获得了表面经验,即他只知道该这么做,却不知道为什么要这么做;如果失败了,他也不需要反思,因为这不是他自己的主意,那个让他做事的人才需要反思,以后再做类似的事情,只要情况稍有不同,他就有可能失败。然而,如果一个人总是按照自己的想法去做事,那么无论成功与否,他都能从中获得经验。因此,在人类进化的过程中,习惯于任人摆布的人就会逐渐被淘汰了。可见,人这种争取权利的本能是以无数人类祖先被淘汰为成本而获得的宝贵财富。可惜,孩子身上的这种来之不易的宝贵财富,却常常得不到父母的理解。

当然,在小怡的案例中,如果我只给小怡的妈妈将这件事情背后的原因解释清楚,那么她们之间在今后仍然会出现各种问题,小怡的成长环境仍然不会有本质上的改变,其原因就是她妈妈的权利欲望得不到释放。也许是因为她在有了小怡后做了全职妈妈,再加上常常得不到丈夫的理解和尊重,使她在家里没有什么权利,便只能通过严格管控小怡来纾解自己内心的压力,并满足自己的控制欲。可见,要想真正解决这个问题,需要改变的是小怡的妈妈自己,她需要找到属于自己的爱好或事业,在调整好心理的同时,还要照顾好身体。如果这些都能做得很好,小怡就必然会慢慢变得越来越好。

案例

有一次,我带女儿去儿童活动中心玩。我看见一位爸爸带着六岁左右的女儿搭玩具房子。这个玩具看起来很有趣,我看后都有点跃跃欲试了。不过,那女孩看起来却很痛苦。仔细听听,发现她的爸爸一直在旁边质问她:"你这么搭对吗?""你看看,和图纸一样吗?""你再仔细看看行不行啊?"本来玩耍是一件很轻松的事,结果爸爸将气氛搞得比实操考试还紧张。女孩每次将一块积木放到一处时,都会先看看父亲的表情,生怕放错了。如果爸爸有皱眉或撇嘴等表情,她就立刻将手缩回来。女孩根本就不是在享受游戏，而是在经受折磨！

已有大量的脑科学研究表明，人在紧张时会变笨，放松时则更聪明。是啊，孩子都被吓傻了，哪还有精力去思考如何搭建房子？女儿想要的是探索，父亲想要的是结果，且父亲在这个过程中把自己的想法强加给女儿。女儿还很弱小，并且不懂得表达，更不敢反抗，于是两个人便在痛苦中挣扎。搭玩具房子看似小事，但如果这个孩子长期生活在这种环境中就会产生心理阴影，甚至会出现心理问题。

不过，这并不是说父母不能给孩子压力。适度的压力是可以激发孩子的斗志的，还可能会让孩子发挥得更好，但前提是要根据孩子的性格特质和承受能力而设定合适的压力程度，既不过高，也不过低。

小贴士

孩子不是父母手中的提线木偶，父母无法掌控孩子的每一件事甚至未来的大致发展方向。小学、初中、高中，这12年的价值，不仅在于孩子学到了多少知识，更在于孩子积累了多少经验。在积累经验的过程中，孩子势必会走一些弯路。

父母能为孩子提供的最有价值的东西，是和谐的家庭环境和积极正向的价值观，而不是具体的做法。父母的目标是让孩子身心健康，而不是成绩的突破，因为只要身心健康了，成绩自然就会在其天赋允许的范围内尽量地好。如果让孩子过度透支而一味追求成绩，那么就很可能会在短期或是未来发生父母不希望发生的事情。

第4章

顺势思维

万事万物都有其自身发展的规律与周期。2000年前后随便在哪里买房子,都会赚得盆满钵满,如今即使费尽心机选择房源,也很难有相同的效果。2005年,闭着眼睛买A股,都可能大赚一笔,但如果在2008年,则无论你怎么研究,结果很可能还是"宝马进去,宝骏出来",这就是趋势的力量,顺势而为,则事半功倍。

大道理虽然每个人都懂,但是在教育孩子的时候却往往忽视了这些,有的家长宁愿花大量时间了解股市、楼市的发展规律,却不愿花一点时间了解孩子的成长规律。只有少数家长愿意花时间读书,了解孩子的成长规律,并顺势而为,尽管如此,也会难免在育儿路上遇到这样那样的难题。这是因为书上往往只写了孩子的共性,家长却很难了解到孩子的个性,如同A股一样,虽然整体上个股深受大盘的影响,但几乎每只股票都有其自己的波动规律。本章将从共性与个性两个角度深入探讨孩子的成长规律。希望你不是为了得到一个标准答案而是为了获得一种能力,这种能力使你可以通过思考和行动去发现孩子的成长规律,并更好地顺势而为。

顺应孩子的共性

2021年底,南京一博士"虎爸"逼7岁儿子和5岁女儿学高数,学到深夜还辱骂加殴打,无奈之下,孩子妈妈只能向法院"求援",这件事在网上引起轩然大波,不仅是教育工作者,几乎所有网友都一致认为博士"虎爸"的教育方式非常不合适。由于这个案例太极端,因此它引起了大家的关注,其实类似的事情每天都在我们的身边发生,只是程度不同而已。我们如何从这个失败的案例中,举一反三地获得更多有价值的信息呢?让我们一起拓展一下思路,从人类文明起源说起。

在旧石器时代,人类使用打制石器,生产时基本不需要计划,也不需要构思,形状比较随机,但是人们可以很快地制造出产品,即很快就能看到结果。到了新石器时代,人们开始使用磨制石器,生产之前需要先在大脑中构思好产品的大致形状,然后根据构思有计划地逐步加工,这显然比旧石器时代更有计划性,且更有目的性,但需要更长的时间才能看到成型的产品,需要劳动者有更多的耐心。在采集狩猎时代,人类同样是不需要做长期计划的,因为他们受环境影响很大,所以他们对结果的可控性较差。到了农耕畜牧时代,人类则需要更早地计划、准备,过程也更复杂,结果也更可控。任何一个文明最早期的文字都是象形文字,这说明了人类最早的认知习惯是倾向于更加具体的方式。而在当今世界使用最广泛的几种语言中,大部分都是以抽象的方式来表达其含义的,包括汉字在内,经过几千年的演化,现在其形式也越来越抽象了。早期的人类都是以小部落的形式存在的,通常只有几十到上百人,即使是相距不远的两个部落,也很难和谐共存;而如今国家的形式让人类的格局不断变大,人类文明甚至已向太空发展。从表面上看,这是因为有了高度发达的科学技术,有了更加完善的管理制度,但其实这些只是结果,而不是原因。管理制度源于有计划的思维方式,科学技术更是如此。

你可能会觉得,以上说的都是人类文明发展的趋势,与孩子的发展有什么关系呢?稍加思考就不难发现,孩子的认知发展规律是从具体到抽象,从无计划到有计划,从无目的到有目的,从关注自己到关注他人。为什么孩子的发展规律与人类文明发展的规律如此相似?如果你觉得前面列举的有关人类文明发展规律的例子的时间周期都太长了,那么你再回顾一下工人运动的过程,都是从罢工到革命,从自发到自觉,这与孩子成长特点的发展规律也极为相似。可能有读者认为这是因为与大脑有关,人类文明发展过程中任何一个阶段的特征都与当时人类大脑的结构有着密切的关系。孩子从胎儿到成年的过程中,大脑的发育顺序与动物大脑演化的顺序异常相似,从原始脑到爬行动物脑,再到哺乳动物脑,最后到人类脑,是从里到外一层一层发育的。由此,才有了上述的巧合,所以可将孩子的成长过程看成人类文明乃至动物进化过程的浓缩。说到这里,如果你觉得我们发现了孩子成长规律的终极秘密便不再继续思考下去,那就太遗憾了。让我们继续大开脑洞吧!

在宇宙中,行星围绕恒星运动;在微观世界中,电子围绕原子核运动,这也是巧合吗?一朵雪花的形状,与组成雪花的冰晶的结构异常相似;一片树叶上叶脉的形状,与树枝的形状很相似,这也是巧合吗?这种现象早已在《深奥的简洁:从混沌、复杂到地球生命的起源》(*Deep Simplicity*: *Chaos Complexity and the Emergence of Life*)一书中被作者约翰·格里宾(John Gribbin)提出,并称为"分形"。根据奥卡姆剃刀法则,在没有其他理由的情况下,我们应该相信最简单的解释,也就是说,上文中提到的孩子成长规律与人类演化规律之间的相似现象,实际上只是分形现象在时间上的呈现而已,而分形现象是大自然中普遍存在的底层规律。

我们再从数学的角度举个例子:

有两个相同的集合,均为1~10这10个自然数。分别从每个集合中取一个数字,二者相乘,重复10次,数字不能重复取用,最后将得到的10个积相加。那么,用什么样的方式能让和最大?

答:假设从其中一个集合中取数字的顺序为从1到10,那么要想让和最大,就必须保证从另一个集合中取数字的顺序也是如此。

和为:$1×1+2×2+3×3+4×4+5×5+6×6+7×7+8×8+9×9+10×10=385$

我们可以把从第一个集合中取数字的顺序看作孩子本身的发展趋势,

从另一个集合中取数字的顺序看作教孩子知识内容的趋势,只有二者吻合,才能得出最大的和。这难道也是巧合吗?

从商业角度看,如果产品不好,给再好的渠道,结果也只能是让更多的人知道这个产品不好,因此只有二者匹配才能实现良好的销售效果。可能有人会问,如果一个质量极差的产品找了一个极差的渠道合作,岂不是死得更快?的确有这个可能,但是浪费的资源也是最少的,正因为渠道很差,所以坏产品对品牌的不良影响也最小,因此在改进产品后还有重来的机会。然而,如果把一个质量极差的产品一次性展示给所有潜在客户,那么即使这个产品在后来改进了,它重新赢得用户信任的成本也比从零开始要大得多。

《易经》中仅用"潜龙勿用"这四个字,就把这个道理阐述得一清二楚。博士"虎爸"就是动用了不该动用的"潜龙"才导致了不良的结果。"虎爸"的女儿很可能在数学方面比较有天赋,但如果因为五岁时学不好高数而常被爸爸殴打,那么她很可能会对数学产生心理阴影,这也将为她未来学习数学造成障碍。即使爸爸耐心地陪伴孩子学习,使用各种表扬和鼓励的方式,孩子顶多也不过是为了获得爸爸的表扬和鼓励而学高数,但绝对不可能是因为喜欢高数本身而学的。而且,她只会觉得高数很难、很枯燥,最可怕的是她可能会认为学习这件事情本身就是无聊、枯燥又不得不做的事情,这将影响她一生的学习情况。

以上我只是用学习这件事举例子,我更想说的是,**孩子在成长中有自己的规律,这是大自然赐予的,父母对此要怀有敬畏之心,否则只能自食其果**。父母能做的就是接受,并且顺势而为。

顺应孩子的个性

当几个朋友聚餐时,负责点餐的人常常会问"有没有什么忌口的""有没有不吃辣的"等,这说明人们已经普遍接受了"每个人口味不同"的事实。

民以食为天，人们对此事的观察最多，积累的经验也最丰富，因此几乎所有成年人都知道"萝卜白菜各有所爱"这个道理。其实，将这个道理放到人的其他方面也是行得通的。每个人的天赋、性格特征都各有不同，但也许是因为人们并没有花费时间去了解他人的特征，所以常常忽视人与人之间的个体差异。

我相信你一定看过不少家庭教育方面的书籍，也许你会发现，有些方法用在其他孩子身上是有效的，但是用在自己的孩子身上则没有明显效果。除了你对书中阐述的观点理解不到位以外，主要是由孩子的个体差异导致的，正因如此，才有了"因材施教"一说。尽管很多老师都承认个体之间存在差异的事实，而这往往也只是为了使自己的表达更严谨，为了给自己的方法万一无效找个理由而已。面对这种差异，大家对于自己的束手无策也常常会感到心安理得。事实并不像一些人认为的那样，讨论这些我们改变不了的问题没有意义，我们也并非什么都不能做，但同时，也不能天真地认为通过刻意练习便可以解决一切先天个体差异所带来的问题。我们应客观地看待先天个体差异，理性地采取应对策略，合理地扬长补短，最大化地发挥先天优势，在无法避开的先天劣势方面，不要在一条路上死磕，而应采用曲线救国的方式，最终殊途同归。

 案例

小刚，男孩，初三。

小刚在读题时常常会漏掉一些内容，使他无法得满分。这让小刚的妈妈很苦恼，经常说小刚"你就不能用点心吗？""你怎么总是马虎呢？"等。长此以往，小刚觉得自己已经很认真了，而且他并不是急性子，但他的这个马虎问题并没有得到明显改善。

我们常听说有的孩子总是马虎，可很少听说某个孩子曾经是出了名的马虎，后来经父母和老师的长期提醒而变得很少出错了。其实，这就是因为我们忽视了个体差异。读题时马虎,从根本上讲,属于通过视觉录入文字信息时有遗漏,如果不是孩子的性子太急,就只能从大脑的结构特点上看。每个人的大脑都不一样,有的人天生视觉专注力就好,有的人则相对弱一些。然而,我们都更愿意相信"众生平等"的假说,不愿看见先天特征的不同。因为只要谈到先天,就会产生极端想法——要是我的孩子先天专注力不好,是不是就没办法弥补了?我是不是就得接受我的孩子不如别人的这个事实了?因此,我们都不想去考虑先天的特征差异。

其实,我们大可不必如此。因为先天的特征绝对不是一个单一的指标,而是由无数个指标构成的,不同的个体之间也不具备可比性。我们需要看到的是每个人的不同,以便更好地因材施教。像小刚这种情况,如果父母知道了他读题马虎和他大脑枕叶的结构有关,但大脑的结构又无法改变,所以这个问题就无法得到彻底改变。随着小刚年龄的成长,其他脑部功能也会趋于完善(比如专注力和耐心的提升),会在一定程度上弥补大脑枕叶的不足,但他的问题还是永远存在的。父母需要做的是,接受这个个体特质的存在,然后寻求弥补的方式(比如可以采用指读的方式或是在不打扰其他人的前提下读出声音),这样也许可以在一定程度上改善马虎的问题。如果父母能早一点全然地接受小刚的个体差异性,就不会花那么多时间唠叨他了,而是直接去寻求解决方案。这样做不仅能让亲子关系向良性方向发展,还不会耽误孩子的成长。

在日常生活中我们常常会忽视个体之间存在的差异问题。我从事教育工作这么多年,看到的孩子可谓千差万别。有的孩子看起来反应很慢,但其实他只是需要掌握得更扎实,他只有这样才会获得安全感,大脑才会处于放松的状态,从而去继续学习新知识,所以他需要的是多次反复。随着年龄的增长,由于他前面的知识掌握得很扎实,因此在后期的优势就会越来越明显。遗憾的是,很多这样的孩子在小时候却经常被误解,甚至被贴上"差生""笨"的标签,所以父母必须先了解孩子的特点,再根据孩子的特点调整教养方式。对于这样性格的孩子,最需要耐心培养,如果给他找一个反应灵敏、脑筋很快的家教老师,那么可能会让老师和孩子都很累,并且导致孩子没有取得明显的进步——这并不是老师的问题,也不是孩子的问题,而是他们之间不匹配的问题。

对于有的孩子,稍微逼一逼是可以的,即使当时不是很情愿,也会配合父母,即使心中有些怨气,事后也很容易释怀,并且在他进步后还会很感激父母当时逼了自己一把。然而,对于有的孩子,会表现得很有主见、好胜,对于强权压制会激烈反抗。还记得第2章中提到的小明吗?他就是这样的性格,所以他在被妈妈逼迫参加了小升初辅导班后,尽管他顺利地考上了重点初中,但后来发生的事情让妈妈非常苦恼。因此,对于像小明这样的孩子,更需要给他提供一个相对民主的成长环境。其实小明的妈妈早就知道他是这样的性格,却忽视了个体的差异,认为别人的孩子能逼一下,为什么他就不能。如果她在当初能全然地接受个体的差异,就不会这么麻烦。实际上,小明妈妈的性格也是很有主见的,小明也正是遗传了她的这个特点,所以小明和妈妈就是针尖对麦芒。其实,很多父母都是只能看到孩子的问题,却看不到自己的问题。我在实际工作中也遇到过不少这样的家庭。要想彻底帮助一个家庭其实是一项十分浩大的工程,因此急需父母自己学习、自行调整。

案例

小轩,女孩,高二。

小轩经常感觉脑中会莫名其妙地产生很多奇怪的想法,这导致她无法专注地学习。她常会向我诉苦,认为这是她的一个很大的缺点。不过,在我看来,小轩其实是一个非常善于思考的孩子,她看问题的深度远远超过同龄人的平均水平,就连我这个从事了10多年教育工作的老师,都经常可以从和她的聊天中获得启发。她给我推荐的书,几乎都是非常深刻的哲学类书籍。她是一个很善于内省的人,这样的人的脑子是停不下来的,总是会不自觉地思考问题。

我把我对她的看法都告诉了小轩,让她意识到这不是她的缺点,而是她的优势。她听后,就不再为此而烦恼了,反倒可以更专注地学习了。

其实,对于很多我们无法改变的事情,懂得接受反而会让它产生的负面影响最小化,因此,觉知和接受便是最好的改变。

对于一些父母来说,虽然可以关注孩子的个性特征,但对此的认识往往是不够全面也不够深刻的,通常只能简单地归纳为孩子内向或外向、孩子理科更好或文科更好等。比如,有些孩子也许在父母和老师面前表现内向,但在自己的好朋友面前则可以口若悬河;有些孩子则刚好相反。孩子之所以会有不同的表现,是因为他们面对的人是不同的。又如,有些孩子不喜欢学历史,但并不能简单地归结为他在历史方面没有天赋,也许他只是不喜欢历史老师,或是不喜欢历史考试中包含了太多死记硬背的东西。其实,我就是这样的人——在高中历史考试中从没及格过,但在参加工作之后,却发现我的同事中很少有像我这么喜欢历史的。因此,我们的表现往往不是简单的基因效应,而可能是基因效应的效应,甚至是后面要跟上很多个"的效应"。也就是说,**我们的行为表现是先天特征和外界多个因素相互作用多次之后形成的结果**。正是因为这个问题的复杂性,所以父母往往很难抓住问题的本质去恰如其分地教育孩子。

在面对未知事物时,我们总是习惯性地把事情简单地分类、归纳,这是人类的天性。然而,对人的性格进行分类其实是一项复杂、巨大的工程,从古希腊医生希波克拉底提出的气质学说,到近几年流行的各种性格划分理论,人们似乎从未停止过对性格特质的探究。似乎每一种学说都有一定的道理,但又好像都有牵强之处,其主要原因就是,它们只是简单地将人分成了屈指可数的几种类型,即使有些学说可以将不同类型按不同权重重新组合出无穷多种人格,但描述人的先天特征的维度却只包含了几个有限的方面,而且这种对于不同类型人特征的描述往往是静态的,可人其实是会变化的。

作为一名教育从业者,为了合理地因材施教,我也一直在寻找合理划分性格的途径。我发现,基于大数据统计对人体指纹与性格特征进行的相关性研究而建立的模型较为科学。其原因具体如下。

(1)它没有为了使该理论获得更好地推广而违背事实地直接将人分类,而是针对人格特点进行分析。也就是说,它认为不同的人身上具有若干个不同的特征,而且这些特征在一定程度上可以量化。

(2)由于人的行为表现形式是内在因素与外在环境共同作用的结果,因此它充分地考虑到了人的成长性,列举了这些特征在不同环境下和不同年龄段可能的展现形式,以及不同特征共同作用时可能的表现形式。

(3)它是基于大数据统计之后的结果,得到了大量家长和孩子的认可,经得起实践检验。

身为父母,你可能更为关注的是,这种性格分析对教育孩子具有的指导意义。

 案例

我有一个学生,他的数学成绩很差,和数学老师的关系也不好,其他理科成绩也都不太好。他的父母和老师一直觉得他在理科方面没什么优势,但他在与其数学老师的关系改善之后,他的数学成绩取得了质的飞跃。这是因为,他非常需要权威的认可,只有这样他才更有动力;如果失去权威人物的信任,他对任何与权威人物有关的事情都提不起兴趣。

尽管具有这种性格特征的孩子较为普遍,但对于不同的孩子,权威的影响程度却可能相差甚远。事实上,人的个性差异并不是在于"你有,我没有",而是我们共同拥有很多特征,但对于同一个特征来说,不同的人的显著程度不同而已。对于大家最关注的孩子写作业这件事来说,也许有很多孩子的意愿度会同时受到诸如是否有人陪伴、是否获得表扬、是否有独立空间、是否在写作业的过程中成为权威等诸多因素的影响。然而,在实际操作中,我们不难发现,不同的孩子看重的方式是不同的。比如,有的孩子虽然也希望得到表扬,但如果能和一个要好的同学一起写作业,他就能更快地完成;对有的孩子来说,是否有同学一起写作业对他的完成速度影响并不大,但如果你能让他当"小老师"给你讲题,他就能更快地完成作业,也能更快地攻克作业中的难题;对有的孩子来说,只要给他独立的空间不被打扰,他就可以顺利地完成作业了。再如,当孩子伤心哭泣时,轻柔的话语、一个拥抱,或父母安静的陪伴,都有助于平复他的情绪,但对不同的孩子来说,这三种方式的有效程度却可能存在着显著的区别。多说一句,如果你细心观察,你就会发现,凡是抱一抱就会好很多的孩子,在童年时往往会更挑食,这其实也是他身体敏感度较高的表现。

  关于性格特征的分类理论,内容极其丰富,本书与其相关的内容仅是为了提醒父母关注这一点,并能觉察"孩子的表现是性格特征与外界环境共同作用的结果"这一事实,故无法对该理论做进一步展开讨论。如果读者想更详尽地了解自己孩子的性格特征以及针对性的教养策略,那么可以求助相关的机构。不过,请注意,由于目前该行业还处于发展的初级阶段,不同机构的专业水平及服务能力良莠不齐,因此并不是每个号称"优势测评"的机构都能让人放心。

  在了解孩子性格特征的同时,父母还需要注意的是,不要把这当成类似于智商测验,因为任何一个特征都有其优势的一面和劣势的一面,重点是要看这些差异性如何发挥、在什么场合发挥。了解自身的特征,也是为了更好地驾驭自己的特点,在不同的场景下能合理地展现。《道德经》有云"万物负阴而抱阳,冲气以为和"就是要告诉我们,任何事情都由"好"和"坏"两面组成,只有这样,我们才能达到相对平衡的状态。因此,**全然地接受自己和孩子的个体差异,并不是让我们放弃什么,而是能用更恰当的方式去扬长补短,更好地谱写自己的人生。**

小贴士

虽然不同家庭教育理论提倡的方法各不相同,甚至有相互矛盾之处,但都拥有自己忠实的粉丝,这是因为不同的孩子需要不同的教养方式,父母需要在充分了解自己孩子的特点之后再因材施教,而不是生搬硬套所谓"权威"的方法。

体检不是治疗,测评也不是教育,即使是最专业的测评也不能解决孩子的教育问题,而只能为寻找更合理的教养方式提供参考依据。很多父母为孩子做了各种测评,但没有付诸任何行动,抱怨测评没用,就相当于患者去医院做完检查之后,不接受任何治疗,然后抱怨体检没用一样。

第5章 复杂思维

根据马太效应可知,我们已经掌握的知识越多,就越容易获得更多的新知识。然而,中国传统文化却告诉我们"物极必反"。这看起来是矛盾的,对此我们该怎么理解呢?实际上,我们已经掌握的知识,既可以帮助我们更快地学习新知识,同时又可能成为我们学习新知识的障碍。

在同一个认知框架内,我们拥有的知识越多,理解新知识也就越容易。但如果新知识超出了我们的原有认知框架,而我们在接触到它的时候又恰巧没有能力打破现有的认知边界,此时原有的知识就可能成为理解新知识的障碍。

原有的认知框架看起来是确定的,而改动后的认知框架往往充满未知和不确定。不巧的是,人们通常更乐于接受确定的东西。所以对于相当一部分人来说,更愿意不断地向原有认知框架内添加与其兼容的知识,而不会为了兼容新知识而改动认知框架。

你打算怎么做呢?你做好准备了吗?

家庭教育是一个复杂问题

传统的机械论和还原论认为整体等于各部分的组合,前文中提到的博士"虎爸"就是个典型的极端例子,认为孩子学得越多越好,越早越好。我们在解决问题时也常常会使用这种思路,哪里出问题就关注哪里。然而,这可能会犯大错。因为目前人类已知的认知框架已经至少有两种了——一种是"简单问题",另一种则是"复杂问题"。机械论和还原论都属于关于简单问题的理论,而教育孩子则是典型的复杂问题。

复杂问题和简单问题的显著区别之一就是,简单问题更关注个体或少数几个个体之间的相互作用,复杂问题则更关注海量个体之间按照有限个规则,产生的错综复杂的相互作用而体现出的总体上的、宏观的、让人意想不到的效果。比如,一只蚂蚁并没有体现出智慧,如果你研究一只蚂蚁的大致身体结构,或是两只蚂蚁之间的沟通方式,那么这属于简单问题。但是当数以万计的蚂蚁聚集在一起时,就会发生很多令你意想不到的事情(比如,它们的巢穴中有蚁后的逃生通道、防洪通道,还有专门存放蛹和存放粮食的储藏室)。同样,如果你去分析一只蚂蚁身体上的每一个分子,那么你可能并不会发现什么特别的,但是当大量的分子按照特定的规律组合在一起后,蚂蚁的身体就会呈现出其独有特征(比如,有完整的循环系统、消化系统、运动系统等,还能和其他蚂蚁进行沟通),这些都是你关注单个分子时无论如何都想象不到的效果。要解释这些意想不到的效果,需要用到的就是对待复杂问题的思维。简单问题往往仅关注少量个体之间的相互作用,忽视大量个体相互作用效果累加后产生的效应。因此,人只有按照复杂思维的方式思考时,才会对海量个体组成的宏观事物整体体现出的效果感到惊奇。

需要注意的是,以下问题并不属于复杂问题:

(1)钢化玻璃和普通玻璃的材料几乎完全相同,但因为分子间作用力的不同,导致二者在宏观上的性能不同。

(2)石墨和钻石均由碳原子构成,但二者在宏观上的物理性质却完全不同。

虽然以上也是因为海量个体相互作用累加的效果导致的宏观差别,但由于个体之间的相互作用形式单一,即不具备错综复杂的特点,人们很容易理解宏观上的总体表现,因此不属于复杂问题。

另外,广义的"复杂问题",其讨论范围应不仅包含海量物质相互作用后导致的宏观体现,还包含抽象的事情及逻辑之间相互作用之后的宏观展现。比如,一个人从出生到死亡所经历的心理变化过程、一个国家从弱小到强大的发展过程、世界经济的发展规律、股票市场的动态表现等。

目前人类尚未完全掌握解决复杂问题的方法,甚至在我们偶然解决了复杂问题时,也会有人对这种方法存在质疑,认为仅是巧合而已。比如,在第1章中小琴的案例,除了文中的讲述,我还对小琴的妈妈说,她刷掉的不仅是马桶里的污垢,更是小琴未来人生之路上的渣男。因为女儿在缺乏父爱的情况下更可能草率地找个男朋友。因为她们渴望异性的关爱,如果得不到父爱,那就会寻找他人来代替,但如果妈妈通过放低姿态缓和了与爸爸的关系,小琴则可以得到更多的父爱,从而草率地找个男朋友的概率也会大大降低。马桶里的污垢和渣男看起来风马牛不相及,但实际上这个逻辑成立的概率是相当大的。

也许你会感到困惑,为什么这很难用我们已知的知识解释呢?因为这里用到的是解决复杂问题的方法——你无法将它放入你原有的认知框架中,所以你需要在一定程度上突破原有的认知框架。也就是说,它和你原有的认知系统是不同的,需要一个新系统来承载它。

如果我们不具备解决复杂问题的思维方式,就不太会关注各部分之间的影响,而只关注个体的特征。比如,当我们分析孩子的学习问题时,常常会局限于"孩子太笨""孩子太懒""孩子没动力"等问题上,却很少去想我们给孩子提供了怎样的环境,我们自身的行为如何以及对孩子产生怎样的影响。比如:

(1)我们将减肥计划执行得如何?

(2)我们在工作中的效率如何?

(3)我们与同事的关系如何?

（4）我们的夫妻关系如何？

（5）我们和自己父母的关系如何？

（6）我们今天晚上是刷了几个小时的短视频，还是看了几个小时的书？

实际上，至少在解决像家庭教育这样的复杂问题过程中，需要注意的关键原则之一就是要更重视个体之间的相互作用，而不仅仅是个体本身。这里说的个体可以是某个人，也可以是某件事，人和事情都是具体的，但作用关系是抽象的。所以作用关系，尤其是间接作用关系非常容易被忽视，当个体数量较少时，我们可以通过关注个体特征与个体之间的直接作用关系较准确地判断出结果，但随着个体数量的不断增加，这种间接作用关系的复杂程度会成几何级数递增，甚至作用的效果也会被放大，其对结果的影响甚至超出了直接作用关系，是不可忽视的。比如在第1章小琴的案例中，父母的关系对小琴的影响就是间接作用关系，而妈妈在学习问题上对小琴的督促就是直接作用关系。显然，此时相比于间接作用关系的影响，督促显得非常苍白无力。

如果我们不具备解决复杂问题的思维方式，就很难意识到这些看起来无关痛痒的事情竟然会对孩子的学习动力产生巨大的影响，甚至在付费咨询后得到有关这方面的建议时还会说："嗯，我会注意这些的，那我孩子学习动力还是不足怎么办呢？我得怎么引导他？还有，你能不能给我孩子介绍一些好的学习方法？"前面的"嗯，我会注意这些的"往往只是父母礼貌性的回应，后面问的才是他最关心的。每当遇到这样的父母，我就知道，他一定是没把我和他说的那些话听进去。此时，我通常会继续问他："你回家之后打算怎么注意？有没有具体的计划？"当然，也有悟性高的父母，他们会向我反馈说，他们只是听了我的免费课就做了调整，孩子也取得了进步。为什么会出现这样的区别呢？这取决于他们是否具有理解复杂问题的能力，即使他们目前还无法彻底了解复杂问题是如何发生作用的，但至少知道它的存在。

复杂系统中个体之间的相互作用虽然错综复杂，但最基本的作用方式并不一定有很多种，目前人类发现宇宙中一共只有四种最基本的相互作用方式（分别是万有引力、电磁力、强相互作用力和弱相互作用力），但经过无穷次的累加后就产生了目前我们所处的丰富多样的宇宙，正所谓"道生一，一生二，二生三，三生万物"。**孩子的成长环境虽然复杂，但只要用心去体会，并抓住最主要的关系，他就能慢慢变好。**

之所以花了很多篇幅介绍解决复杂问题的思维方式，是因为在解决孩子教育问题时需要用到这种思维。我并不是说解决复杂问题的思维方式比解决简单问题的思维方式更好，而是想说，我们应该用恰当的思维方式解决恰当的问题。如果用了不恰当的思维方式，就很难达到理想的效果。

分析复杂问题

由于人类还没有掌握解决复杂问题的系统方法，所以我们并没有太多可以借鉴的经验。如果一定要说人类历史上真的有过针对复杂问题的较为系统的解决方案，那么中医或许可以算是一个。当然，这里说的"中医"，并不是指具体某个医生，而是指以《黄帝内经》等经典著作为基础的中医思想。因此，我在后面的篇幅里会大量使用中医学方面的例子来类比教育问题。

这种假说的提出虽然略显唐突，但科学发现的重要途径之一就是先提出假说，然后再去证明。如果一定要求先充分证明，再提出假说，未免本末倒置了，毕竟要证明这类假说不是一两次实验就可以完成的。实际上中医已经存在了几千年，至今都还未被科学所完全接受，其中原因之一或许就是其本身的思维框架与典型意义上的科学有所不同——中医一直把人体健康问题视为复杂问题对待，而典型的科学思想尚不包含解决复杂问题的系统思路。但古人有病也想治疗，他不可能等上几千年，等中医变得科学了以后再接受治疗。同样,众多家长也不愿意等到这个假说被科学证明之后再解决自己孩子的问题。实际上,至今尚没有任何一套针对家庭教育的系统科学理论是被家长和一线教师所普遍认可的。本书的读者仅限于家长和一线教育工作者,不适合学术研究,故请读者勿以科学之名挡住探索家庭教育之路,如您实在存疑,可把本书权且当作作者的工作记录和心得感想,甚至当作杂文来读也是不错的。

案例

我第一次见到晓燕时,她在一所市重点高中读高一,成绩在班级排前三,开朗,爱笑。她在喜欢上班里的一名男生后,每天叠千纸鹤准备送给男生表白,在遭到男生拒绝后便自暴自弃,成绩一落千丈。高考时,她的成绩排在班级40名左右,勉强考进了一所普通的二本学校。进入大学后,晓燕很快谈了男朋友,不多久就和男朋友到校外租房子同居。两人经常逃课,每天大部分时间都在打游戏,就这样度过了大学4年。好在晓燕天资聪慧,后来顺利毕业,可是由于她专业不扎实,只在家乡小县城的一家医院当了护士,而且没有编制,收入很低。我后来再见到她时,原本活泼爱笑的她看上去很憔悴,脸上也很少有笑容,毕业10年了也没有结婚。后来,听说她嫁给了医院的一名保安,男人大她10岁,生活是否幸福,不得而知。

分析

由于晓燕的父母对她要求很严,导致晓燕有话不敢和父母说,而只是尽量在他们面前表现成他们希望看到的样子。晓燕在向男生表白被拒绝后十分痛苦,但她根本不敢和父母说。因为她是父母眼中的"乖乖女",她不想人设崩塌,便在迷茫无助中变得消沉。上大学前,父母反复叮嘱,上大学后要好好学习,不能谈恋爱,她满口答应。到了大学后,一是出于叛逆,二是由于高中被拒的挫败感需要补偿,她很快就谈了男朋友。

你也许会认为,晓燕向同学表白被拒后不敢和父母倾诉而导致的压抑是问题的起因,但她为什么不敢和父母沟通呢?因为在一开始她和父母就不是无话不谈的,她已经习惯了在父母面前表现成"乖乖女"的样子,这就是我们常说的"亲子情感联结不够"。此时可能会引发很多问题,外界只要有一点影响,孩子由于得不到父母的帮助与疏导,就可能导致内心淤积负能量,等到一定程度就会表现为各种问题(比如学习成绩下降)。就如同自身免疫力不足的人遇上了流感更容易流鼻涕、发烧、咳嗽一样,父母和孩子的关系其实是决定孩子心理免疫力好坏的重要因素。成绩下降又会导致她的信心不足,然而晓燕的父母又简单地理解成"女孩到了高中后成绩下降是普遍现象",所以虽然着急但也没有真正给予晓燕实际的帮助。这使得晓燕越发不愿向父母求助,内心的负能量越积越多,负能量越多也越容易遇到挫折,就像推倒了多米诺骨牌一样形成连锁反应,最终导致其人生走向低谷。

案例

佳佳在三岁时,常因尿床而被妈妈批评,还被要求道歉,她感觉自己给妈妈带来了很大的麻烦,内心充满了愧疚感。父母一直对她要求很严格,她在上幼儿园和小学期间都表现得特别好。因为她认为一定要让父母高兴,不能给他们添麻烦。尽管她的成绩一直不错,但是性格敏感、懦弱。初中时需要住校,她发现自己根本无法与舍友和谐相处,还常常成为被欺凌的对象——同学在她的床上泼水,说她的坏话。佳佳讨厌班里的所有女生,认为自己无法和任何女生和睦相处。初二时,她自杀未遂,后被确诊为重度抑郁,休学在家。心理医生建议她可以打手机游戏来减压,但她说她是不会打的,因为那样不是好孩子。她吃了半年多抗抑郁的药物后状态稍有好转,便继续上学。可是,当她再次面对同学时,她的抑郁症又严重了,便又休学在家。她的父母在给我反馈时都说会有所改变,但是她每次打电话给我时都是哭着说:"他们是骗你的,他们根本就没有改变!"休学在家期间,为了减压,她养了一只宠物猫。不过,她的父亲不喜欢宠物,出差回来看到猫后大发雷霆,说要把猫扔了。

分析

佳佳的问题其实很难解决。也许在你看过的很多家庭教育类的书籍中,里面写的案例大多是讲孩子在作者的帮助下有了很大的好转,但在现实中,无法获得好转的来访者是常见的,只是并不是每个作者都愿意写出来。

显然,晓燕相比于佳佳还是幸运的,因为晓燕更善于反抗,懂得适当释放压力,而不使压力到达一定量后再集中爆发,因为那样的结果是非常可怕的。佳佳的自杀就是最典型的表现形式。作为家长,当发现孩子在和自己对抗的时候,首先要反思的是孩子心中为什么会有这么多的负能量,并且要及时地疏导,而不是盲目地压抑孩子的叛逆行为。"疏优于堵"是教育中的重要智慧。孩子会反抗,说明孩子是个善于自我疏导的人,比那种习惯了压抑,最后集中爆发的要好得多。

孩子的教育问题的发展,往往都要经过较长时间,这个过程是连续变化的,中间并没有十分清晰的界限。但是为了方便讨论,我简单地把孩子的问题发展分成以下三个阶段:

(1)**不可感知阶段**:处于此阶段的人会对自身问题毫无觉察,甚至会感觉良好。

(2)**可感知但不可定性阶段**:处于此阶段的人常常情绪低落,且常常可以被自己及周围的人察觉,但品行并无显著变化,或无法在医学上得到确诊,该阶段也可被称为心理亚健康状态。

(3)**可定性阶段**:可被诊断为某种程度的抑郁症等心理疾病,或者品行出现显著的变化。

我们再来回顾一下晓燕的案例。在晓燕被男生拒绝之前,她看起来很阳光,成绩也很好,所有人都想不到她未来会出现人生的转折,所以此时属于不可感知阶段。不过,她的问题在这个阶段已经埋下了伏笔,因为她的备用心理免疫系统存在问题,即她与父母的联结不够,她无法与父母无话不谈,此时只要发生任何变故,她宁愿自己默默承受,她的父母不知情也无法出来保护她。她被男生拒绝,就像是在免疫力低下时偶染风寒;后面出现成绩下降,此时的问题已经显现出来了,所以属于可感知不可定性阶段。上大学后晓燕成为一名问题学生,可以说她已进入可定性阶段。将她在毕业后不如意的人生,与她高中时的状态做对比,就能看出她成长历程中的一些问题。这里值得注意的是,可定性阶段并不是不可治愈的,而是会有比较明显的"症状"。不过,无论是身体的疾病还是心理或者行为的问题,所谓"定性"也不过是一个名词而已,我们不要被这个名词所限制,它只是问题发展到一定程度的体现,存在的问题还要及时处理,比如,看到晓燕在大学时学习态度非常差,老师被表面现象转移了注意力,在帮助晓燕时如果只从学习态度入手,而不考虑亲子关系的话,结果可能事与愿违。正如《道德经》中所说的"名可名,非常名",这里的"常"是"恒常"的意思,"非常"就是说"不是不可以改变的",即不要因为给某个事物命了名,就把该事情看成一成不变的。在本案例中,我们可以简单地理解为,不要轻易给晓燕贴标签。

我将晓燕案例的因果链进行了梳理,见表5-1。

表5-1 晓燕心理变化的因果链

代号	因果链	注解
A	亲子联结不够	当亲子关系问题达到一定程度时,出现B则会触发C
B	遇到挫折	恰当的触发事件在条件A满足时,与A共同作用会触发C,B事件不仅仅是一件事,而是一类事件,可以反复发生,反复触发C

续表

代号	因果链	注解
C	不敢向父母寻求帮助	C的发生会导致D,若多次发生C,就会加重D的程度
D	消极情绪积累	虽然可以向朋友倾诉,但是同龄人的力量太小,能给予的安慰和引导都不够,因此增加了自己消化的难度。当消极情绪积累到一定程度时,会引发E
E	学习成绩下降	触发E后,会再度加重消极情绪,E和D可以形成小范围的恶性循环,彼此反复加重,到达一定程度后就会表现为F
F	自暴自弃	一旦触发F,就会继续引发一系列更消极的行为,比如本案例中的G
G	大学时自甘堕落	G只是本案例中的消极行为之一,其他很多行为属于并发问题,由于不显著,因此在案例中并未提及,但当积累到一定程度后势必会导致H的发生
H	学业不精,消极悲观	H发生后会引发一系列结果,比如找不到好工作,做事情不积极,性格变得越来越差,最终引发I
I	不如意的人生	

看完表5-1,你可能会问:如果从中间任何一个环节截断这个因果链,是不是可以避免最终结果的发生呢?让我们来假设一下。

从A到I,最容易引起父母注意的莫过于学习成绩下降(E)了,我们试着从这里截断,看看会怎么样。

父母看到晓燕成绩下降了,便想尽各种办法帮助晓燕提高成绩,比如找最好的老师,每天监督晓燕学习。这样一来,晓燕的成绩会上去吗?你可能已经想到答案了——很难。咱们暂且假设她的成绩真的上去了,但她一定也承受了重压,她不仅要自己消化挫折所引发的消极情绪,还要承受学习的压力,这可能导致她产生抑郁倾向,或是她的成绩也不稳定,只要父母稍微监督不到位,她的成绩就会下滑。因为她根本无心学习,并且需要花时间解压,最常见的方式可能是玩网络游戏或是看一些没营养的长篇小说等,这势必会浪费更多时间且易引发亲子矛盾。

我们再来假设,晓燕的成绩真的上去了,且成绩稳定,不需要父母继续督促,也不需要一直跟着家教老师。实际上出现这种结果的概率很小,这需要孩子通过强大的自制力去压抑内心的负能量。一个人的负能量相当于隐藏在体内的一个定时炸弹,积累越多,其爆发时的威力也越大。所以,在解决这类问题时,如果不从根本原因入手,就相当于透支未来的能量,为未来埋下了无限隐患。

在此,还需要强调两点。第一,当孩子的学习出现某些问题时仅从补课、找学习方法入手,其实很难提高成绩化解问题,除非向上寻找解决途径(比如,化解消极情绪),否则只是在过度地消耗孩子的精力。我把这种做法称作"局部过度透支",其结果就是让当事人压力过大,很可能会导致抑郁,甚至是做出一些极端行为。第二,即使解决了学习成绩的问题,若上一个环节的问题没有解决,那么在再次遇到挫折时,还是会触发孩子成绩下降。

你也可以假设截断这个因果链中的其他环节,在认真推断后都会发现结果不理想。

仔细分析这个因果链,你就会发现大部分环节都需要积累到一定程度才会触发下一个阶段事件的发生,因此因果链条的运行往往需要较长的时间周期,即"冰冻三尺,非一日之寒"。那么,是否可以在一朝一夕解决问题呢?假设在 E 发生时,父母发现了因果链的源头 A,从 A 开始解决,而改善亲子关系本身就需要时间。在改善到一定程度之后,晓燕才会把自己遇到的挫折告诉父母,在父母耐心疏导后,她会一心学习,再花时间补上之前落下的知识。可见,要想从根本上解决问题,就不能期望迅速看到效果,但是经过长时间的疏解是可以化解问题的。正如《道德经》中所说:"九层之台,起于累土;千里之行,始于足下。"正所谓"鱼与熊掌不可得兼"。当然,并不是所有问题都不能快速解决,这不仅取决于问题发展经历的时间,还要看只是想改善症状还是想根治——有时症状的改善是非常快的,但要想彻底解决问题,并期望以后不再复发或是少复发,就需要花很多的时间。

每个孩子都是不一样的,即使是同一个孩子在不同阶段的问题也不尽相同。不少父母在向我倾诉时,能一连串说出自己孩子的很多问题,如果每个问题都需要专门的解决方案,而且这些方案之间没有共同规律可循,那么问题永远都解决不完,甚至会使得问题越来越多。**因为不从全局出发考虑的解决方案可能会引发新的问题,所以教育孩子也需要务实的思路和灵活多变的手段,以达到"以不变应万变"的效果。**我用这样的思路帮助很多家长有效解决了孩子的问题。

值得一提的是,无论是教育还是治病,都必须要有长远眼光,就像"上医治未病"一样,好父母和好老师也可以帮助孩子解决未来的问题。晓燕从小就是在父母面前一套、在小伙伴面前另一套,一直保持着"乖乖女"的人设到了大学。如果父母能早点发现,并做出适当调整,后面就不会出现那么多问题了。然而,如果她在上初中时有老师提醒晓燕的父母做出调整,加强亲子沟通,她的父母恐怕根本不会重视,甚至会觉得这位老师很多事——我们家本来很和谐,女儿这么懂事、这么可爱,你非要来吹毛求疵。此时,你是否会联想到扁鹊见蔡桓公的故事呢?如果此时能有人提醒一下晓燕的父母,那么这个人一定是一位非常优秀的老师,因为他的眼光长远。不过,越是这样的好老师,往往越难以得到家长的认可,即使他们听了老师的话,做了调整,也很难意识到这次调整的价值。因此,正如只有上等的患者才能懂得珍惜上等的医生一样,只有上等的家长才能懂得珍惜上等的老师。很多人平时没时间关心自己的身体,或是不愿意花一点小钱保养身体,等到大病发作、进了重症监护室的那一天,他的时间突然就多了起来,也特别舍得花钱了,付出的代价是预防时的数倍,但恢复健康却变难了。

在第2章中,小明的妈妈如果能在小明幼儿园时就认真学习家庭教育,并且下决心改变自己,那么小明到了初中后就可能不会退学。

另外,在寻找问题原因时,凝练归结的原因数量越少,往往就越接近根本,一个原因解决了,很多问题往往都能得到改善。在小琴的案例中,小琴的妈妈做了调整,一个月以后,小琴的学习态度有了明显的改善。一个学期后,小琴的成绩有了提高,和同学之间的关系也逐渐变得更加融洽。我相信,她一定还有很多其他方面的改善,只是我没有逐一询问。很多有经验的老师都清楚,一个孩子如果能把成绩提高上去,那么他的其他方面也往往会同时好起来,其心智也会更成熟。因为人是一个整体,我们不能用不同的特征、指标将一个人分割开来,孩子的各个方面也是相互制约、相互促进的。

解决孩子问题的思维模型

在解决大部分家庭教育问题时,分析问题出发点的数量其实都是非常有限的。比如,海灵格的家排学说提倡出发点从与家庭成员的关系入手,萨提亚的冰山探索理论则提倡从与自己的关系入手,还有人提倡从人与环境的关系入手。然而,在解决的过程中又要非常灵活,具体问题具体分析。

在现实生活中也是如此。只要孩子和父母的关系密切,一般成长比较平顺,即使天赋平平,至少也能是一个快乐的人。然而,我见过很多孩子天资聪慧,但因为和父母的关系紧张,而出现辍学、重度抑郁等问题。我还发现,绝大多数孩子的问题,如果一直追溯因果链,就能发现其源头大多与他和父母的关系或是父母之间的关系有关,因此我常常用"以不变应万变"的思路帮助家长解决孩子教育问题。

孩子成长问题中的各种关系

中医理论中有十二经络①的划分,并认为气血流动于经络中,经络是否畅通,气血是否足,是健康程度的重要指标。这些都是判断问题、寻找解决方案的依据,我们可以称之为中医的思想模型。那么,解决孩子的成长问题是否也需要类似的思想模型呢?

虽然目前还没有权威的研究结果表明孩子的成长问题需要类似中医这样的思维模型来分析,但至少以我多年的从业经验和通过对家庭教育相关知识的学习发现,在解决孩子问题过程中,实际上主要工作就是协调好各种"关系",而这些关系就是能量流动的通道。我们疏通通道,给孩子赋能,孩子就会变得更好。正如中医通过疏通经络,补养气血,使患者身体健康一样。

以下仅列举对孩子成长有影响的几类常见的关系。

第一类关系:与他人的关系

这类关系中以亲子关系最为重要,另外父母之间的关系往往也会直接影响到亲子关系,所以夫妻关系通常也会较大程度影响孩子的成长。其他关系主要包括与其他家庭成员的关系、与老师的关系、与同学的关系等。与此有关的案例非常多,本书之前提到的案例大多如此,这里就不再另外列举了。

第二类关系:与自己的关系

这类关系主要包括以自我认同为基础的一系列关系,包括自我价值

---

① 十二经络,经络分类名,指十二经及其脉络,包括手三阴经(手太阴肺经、手厥阴心包经、手少阴心经)、手三阳经(手阳明大肠经、手少阳三焦经、手太阳小肠经)、足三阳经(足阳明胃经、足少阳胆经、足太阳膀胱经)、足三阴经(足太阴脾经、足厥阴肝经、足少阴肾经),也称为"正经"。

感、自尊水平,以及本我、自我和超我之间的协调关系等。这类关系又常常表现为一些更加具体的关系,比如理想和现实的协调关系、目标与行动的一致关系等。

这类关系与第一类关系密切相关。因为孩子最初的自我认同是在父母的帮助下建立起来的,一旦第一类关系出现问题,孩子就可能会表现出自卑、以自我为中心等问题。如果本我、自我和超我不协调,那么还可能会出现表面极度自律而内心极度压抑的情况,有时还会出现相反的情况,即外表肆意妄为、非常自信而内心却非常空虚,甚至会做出殴打父母等行为。这两种情况,一种是伤自己,一种是伤别人。但是这种本我与超我的不协调也只有在特定的环境下负能量积聚到一定程度才能使当事人做出极端的行为。

第三类关系:与自然的关系

人只要活着就会不断地与大自然发生能量交换:人体摄入食物、氧气和水分,人的排泄物又可以滋润土壤,使其生长出各种植物,人再直接或间接地吃掉这些植物,从而形成生态循环。这是人与自然之间最基本的联系方式,主要以物质作为载体。而人在承受压力时,如果能去看看大海,听听鸟鸣,闻闻花香,往往心理会稍微舒缓一些,因此也会变得更有可能去热爱大自然、保护自然环境。这时的人与自然的能量交换主要是以精神为载体的。

饮食结构与习惯会影响孩子的身体发育乃至心理和行为,而适度地与大自然进行精神层面的互动往往可以使人心情愉悦、释放压力。

第四类关系:与社会的关系

人类是群居动物,个人离不开社会,也是社会的组成元素,所以个人与社会的关系其实就是个人与他人关系的延伸与扩展。个人与社会互动的方式很多,以下仅举例说明。

例如,一个人如果在小的时候有通过团队合作而克服困难的经历,那么他在成年后面对困难的工作时,也可能更愿意主动地寻求团队合作,从而在达成个人目标的同时,也成就了团队中的其他成员,实现了个人与团队的共赢。

又如,一个人如果在小的时候有过帮助别人并从中感受到快乐的体验,那么他在成年之后也更有可能主动帮助他人,并更有可能为公共利益贡献个人力量,从而个人获得精神上和物质上的回馈,实现个人与社会的共赢。

除了以上两种情况,人对社会普适价值观的了解和接受、人被社会接受的程度(比如人的特长与社会主流价值观的关系)也会影响个人与社会的关系。在当今社会,如果孩子的特长是绘画,那么他就容易被社会价值观所接受;反之,如果一个孩子很有电竞游戏天赋,但如果他学习成绩不好,那么他就难以获得很高的社会认同,毕竟现阶段社会中的大多数人会认为,学习成绩比玩游戏重要得多。此时,解决问题的简单办法就是通过其他关系来给孩子补充能量,比如父母首先要认同、欣赏孩子的优点,这样才能让孩子变得自信。

其他关系

除以上关系之外,影响孩子身心成长的关系还有很多。

(1)与知识的关系。在学习这条路上,如果做知识的堆砌者,可能会随着知识越来越多而感到疲惫不堪,而如果成为知识的探索者和思考者,则不仅可以更大程度地体会到学习的乐趣,还更有可能反过来促进人类知识的探索,实现个人与知识的共赢。如果在面对不确定性时不是感到恐惧,而是感到有趣,那么这个人在学习的过程中就会获得更多乐趣。

(2)与艺术的关系。一个人可以通过艺术表演抒发自己的情感,同时又可以通过鉴赏艺术作品感受到作者所表达的情绪。

对孩子成长有影响的关系有很多,但一个人不可能把所有的关系都处理得很好。而这些关系之间的关系是相互替代、相互影响的,只要把几个主要的关系处理好了,总体来说问题就不会太大。

以上列举的各种关系,实际就是传递能量的通道。如果一个人建立的关系丰富,状态良好,可以便捷地获取正能量且及时排解掉负能量,那么就容易保持相对健康的心理状态。

流动于关系中的能量

能量是个多义词,在此处我主要用于定性描述人的心理状态。按照其产生的效应不同,能量可分为正能量和负能量,前者是积极的,后者是消极的。能量可以在各种关系中流动,同时也会在时间的维度上推动因果链的递进。

比如,在晓燕的案例中,似乎有一种力量沿着因果链推动着事情的发展,但是这股力量却看不见、摸不着。如果每天用摄像机去拍摄晓燕的生活状态,也许可以将其制成一部纪录片。虽然这样可以较完整地记录晓燕的变化过程,但真正导致这种变化的力量,是流动于晓燕内心、晓燕和父母之间以及同学之间的能量,且负能量居多,最终将事情沿着因果链推向了不好的方向。这些能量的性质和流动方式才是导致事情发展的原因,但却很难被摄像机所捕捉。而作为老师和家长,如果也如摄像机一般仅用眼睛和耳朵去观察孩子,则也很难找到问题的原因。幸运的是,我们比摄像机多了一颗爱心,并且用脑思考,只要我们用心观察,动脑分析,就不难找到问题的原因,并加以解决。

有的孩子特别好动,上课爱做小动作,无法专注听讲,按照常规的办法父母就要开始给这个孩子讲道理了。不过,按照本书的观点,首先要接受孩子本身的个体特征——他是一个很好动的孩子,这只是他的一个特点,而非缺点。我们可以把孩子渴望身体运动的这种意愿看作能量,这种能量如果在课堂上流动过度，就不合适了，但能量如果得不到流动而淤积的话也容易出问题，所以我们需要为孩子找到能量恰当的流动方式。比如，在课后给孩子提供更多运动的机会，能量的通道一旦被合理地疏通了，就不至于在上课时爆发。如果孩子在上课时爱讲话，我们就要给他提供更多当众讲话的机会，比如，鼓励他参加演讲比赛，或者全家人坐在一起认真地听他讲话，这样他爱说话的能量被合理释放后，上课时也就不会那么想说了。以上的能量，并不是指孩子在运动或说话时消耗的体力和脑力，而是指想要做某事的意愿。当这种意愿在合适的场景被满足时，就会被看作是正能量，在不恰当的场合过度地释放出来，则会成为负能量。实际上，能量本身并没有正负之分，之所以有此说法，主要是因为流动的方式及其产生的效果。孩子在足球场上挥洒汗水，心情愉悦，充满自信，身体发育更好，还能带动同学积极运动，家长老师也都支持，对自己和周围的人主要产生积极的影响，所以通常被看作是正能量。然而，孩子在课堂上做小动作，不仅会影响自己的听课效率，还会影响其他同学听讲和老师授课，对自己和周围的人主要产生消极的影响，所以常常被看作是负能量。

曾有一位全职妈妈向我咨询孩子问题，经过了解，我发现问题出在夫妻关系上。爸爸从事商业策划工作，是个头脑灵活、充满想象力的人，但生活上却粗枝大叶；而妈妈有着凡事追求完美的性格，所以在生活中经常因小事和爸爸发生矛盾。我经过详细分析再加上测评工具的辅助判断，建议妈妈开个小店，爸爸可以向妈妈提供商业经验，而妈妈刚好可以充分发挥把小事做到完美的精神。不久，这位妈妈真的开了一家美甲店，把小店布置得近乎完美，甚至连一个花瓶的摆放角度都要深思熟虑。妈妈忙碌起来自然就不会和爸爸计较生活中的小事了，并且在爸爸的策划下，小店的生意越来越好，夫妻关系自然好转，孩子的问题自然也就解决了。在这个案例中，妈妈内心有要把小事做到完美的强烈意愿，然而面对一个粗枝大叶的丈夫，如果把这种能量释放到生活中，显然会影响夫妻关系，成为负能量；如果放到工作中，会使工作尽善尽美，就成为正能量。

每个孩子都充满了能量，他们都希望让能量流动起来，但每个孩子的特点不同，最适合的能量流动通道也不同。比如，善于思考的孩子往往不急于表达，急于表达的孩子或许就会思考得少一些，不好动的孩子也许爱看书。思考、表达、阅读，这些都是能量流动的通道。有的父母可能会说："我的孩子这些都不爱，就爱打游戏，那我该怎么疏导他的能量呢？"这个问题问得很好，我会在后面继续讨论。

在应试教育的背景下，好动的孩子往往最让人头疼，除了给孩子更多运动的机会以释放过剩能量外，还应在其他方面做调整。比如，建议不要让较为好动的孩子学习太长时间再休息，而是应该让他专注地学 20~30 分钟，休息 10 分钟，再学习，还应允许这类孩子边走边背诵、朗读等。通过这些调整，就可以让好动的孩子在学习时更专注，效率也更高。

对于爱说的孩子，可以给他提供更多朗读、演讲等语言类表达的机会，或者哼唱歌曲等。孩子在得到表达满足后就会变得相对平静，慢慢地，孩子会知道什么地方才是自己的舞台，在什么环境可以说，在什么环境下要控制。

有的孩子会有一些特别的兴趣爱好，比如喜欢搜集昆虫、养鱼等。对此，有的父母会觉得不好，将家里弄得乱七八糟不说，还会因此减少学习时间。其实，这也是孩子能量流动的一种通道，他只有在观察昆虫或鱼类时，大脑才会快速地思考，能量才能快速流动起来，也许他就是未来的昆虫学家或鱼类学家。顺便说一句，不是只有完成学校考试范围的任务才叫学习，观察昆虫和鱼类也是学习，而且这是更主动、更深度的学习。因此，如果发现孩子有这类爱好，就要先去了解他的爱好，最好是能和孩子一起学习。如果尚未了解就去制止孩子，孩子就会觉得既然父母不尊重他的价值观，那么他凭什么接受父母的价值观呢？只有父母把心态放到和孩子同样的高度上，至少了解一些孩子所喜欢的东西，就能跟孩子在他喜欢的领域中有共同话题，他才会愿意转向父母，去了解父母的价值观。有的父母会感到奇怪，为什么有些孩子更愿意跟同学交流，为什么他的朋友甚至没见过面的网友对他的影响力可能都比父母更大？这是因为，人都需要这种平等、尊重的互动，只有持续这样做，亲子之间的联结才会加强，能量才会更顺畅地流动起来。

总之，要想让孩子的身心更健康，首先是要先了解孩子能量是哪种类型，是运动，还是表达，或者是成就感，并帮助其找到合适的流动通道。家长可以通过观察和思考来发现孩子内心的意愿即能量的类型，也可以借助优势测评等工具来辅助判断。然后就是寻找合适的流动通道了，该环节看起来简单，但需要家长有较大的格局，如果只关注与考试成绩相关的事情，则很难在短时间内为孩子的能量找到足够多的合理通道。而这一点是解决问题的关键，正如核能可以用来发电，也可以用来毁灭地球一样，能量的释放场景和形式是决定其好坏的关键因素。

不仅孩子的能量需要合理的流动，其他家庭成员也一样，因为他们之间会相互影响，如果把这件事处理好了，不仅可以解决现有的孩子大部分问题，还可以避免绝大多数问题的发生，即不仅可以治"已病"，还可以治"未病"。

前面的例子中提到了很多相对积极的能量流动途径，比如阅读、运动、演说、思考等，但也有不少孩子的爱好不是父母希望看到的，比如打游戏等。用本书提出的假说来讲，就是孩子的能量流到了父母不希望看到的通道里去了。要想合理疏导孩子的能量，不仅需要父母给孩子提供能量途径，更要让孩子自己寻找能量流动的途径，而"寻找能量释放途径"这个动作本身也需要能量。这就要引出下面的问题——能量的引导、消耗与补充。

能量的引导

孩子的能量是与生俱来的,只要基本的生存条件得到满足就有能量,而能量的有序流动需要父母和老师等重要的其他人共同组成的环境来引导,否则大部分能量就会相对无序地流动。比如,如果孩子从小缺少父母的陪伴和教养,就会看起来比较"野",也就是其行为模式"从自发到自觉,从无序到有序"的发展过程会放缓,甚至是发展方向出现偏差。

因此,父母对孩子的引导是帮助孩子使能量有序流动的重要因素。常见的有效引导方式有身教、提问、反馈、请求等。

身教

身教,主要是通过父母的日常活动在无形中对孩子产生引导的作用,包括具体的行为习惯、价值观、语言等。孩子受父母的影响较大,**他们更看重的是父母在做什么,而不是在说什么。**

如果妈妈用说教的方式让孩子明确学习的重要性,那么孩子学到最多的也许不是学习有多重要,而是学会了用说教的方式与人沟通,尤其是用说教的方式与比自己年纪小的人沟通。

如果爸爸用打孩子的方式教训孩子,那么孩子未必能因此变成爸爸希望的样子,但他可以学会这两点:一是他会在以后尽量逃避挨打;二是他可能学会用暴力的方式解决问题。关于打孩子,也可以分为两种,一是"激情打",二是"规则打"。如今常见的是"激情打",即完全是在情绪的驱动下做出的行为。"规则打"则主要存在于传统家庭中。古时候,子女犯错要跪在祖宗牌位面前挨打,这种行为表面上也是打孩子,但其实是在履行一种规则,孩子更多地学到了父母"重视祖宗家训"的价值观。有的父母打孩子还带有一定的"仪式感"。比如,孩子偷拿了同桌的橡皮,回家就要挨打,父母会把为什么打孩子说得清清楚楚,打的时候还有流程和仪式——让孩子靠墙站好，扒下裤子，然后再打。尽管在打孩子的时候，父母也会心疼，但还是要维护这个规则，甚至有时候是打给别人看的。父母是坚持一种甘愿承担责任的规则，孩子犯错了就得打，哪怕自己心疼，也不能让别人觉得自己的孩子没教养。孩子通过被打也学到了遵守规则、承担责任的价值观。相比之下，有一些父母打孩子则往往是还没说清楚理由，"暴风雨"就来了，孩子从中学到的是"你有权力，地位高，所以你就可以随便打人"。

　　家庭教育需要与时俱进，传统观念中的父母是不会轻易在孩子面前认错的，他们往往就算知道自己错了也要在子女面前保持威严，但子女从中学到的却是死要面子。如果父母能在孩子面前坦诚地承认自己的错误，那么这不仅不会降低自己在孩子心中的地位，还会让孩子学会如何坦然地接受自己的不足，并真正地改进。孩子更会因为看到父母敢于承认错误而觉得父母伟大、勇敢，从而获得更多的安全感。认错成本降低，在犯错后故意隐瞒的概率减少，孩子会更愿意主动地承认错误。也许有人会担心，再这样下去孩子会不会无视犯错。事实上，这也要看父母的行为，父母如果是犯了再改，改了再犯，那就不要怪孩子一再犯错了。如果父母做到了，孩子也会模仿父母。有些父母可能还会问，如果父母都做到了，孩子还是没做到怎么办？能提出这样问题的父母，除了亲子关系不好这个主要原因之外，还可能出于两个原因：一是自己还没做到，但是打算改变，可又怕改了之后孩子不会改变，便先问问这个方法有没有"质保"和"售后"；二是自己没做到，而且自己不自知，以为自己一点毛病都没有。

　　知人者智，自知者明，了解自己真的十分重要。**父母要想改变孩子，就必须从改变自己开始。**

提问

　　提问是引起对方思考的一种重要方式，但需要注意的是，提问绝非质问。因为质问包含了批评的成分，一旦向孩子提出质问，亲子关系就变得不平等了。

当父母平等地向孩子提问时,孩子会平静地思考问题,如果能灵活地设置一系列问题,将可能更加有效地把孩子的思路引向积极的方向。如果孩子接不上答案,就可以给孩子几个选项,让回答从简答题变成选择题,甚至是变成判断题,这样就降低了难度,孩子就可以顺着父母提问的轨迹想明白很多事情。与父母通过说教的方式给孩子传递信息相比,让孩子自己想明白的事情更能进入他的内心,也能对他的行为产生更好的驱动力。可以说,提问完胜说教。关于提问的技巧,由于篇幅所限,这里就不展开了,大家可以参考阅读约翰·惠特默(John Whitmore)写的《高绩效教练》(*Coaching for Performance*)一书。

反馈

反馈可分为正反馈和负反馈。正反馈,是指父母在看到孩子做了一件正确的事后给予好的反馈,比如认可、感谢、奖励等;负反馈,是指父母在看到孩子做了一件错误的事或遭遇失败后给予的批评、惩罚等。

在我接触的父母当中,大多数人喜欢采用负反馈的方式,其目的是让孩子以后不要再做这样的事情了。比如,"不要再撒谎了""不要再偷着玩手机了""考试不要再马虎了"等。然而,这显然是用了"堵"的思路,就是此路不要再走了。大禹的父亲鲧就是因为用了"堵"的思路治水失败了,后来大禹改用"疏"的思路治水而大获成功,我们教育孩子时也要用疏通的思想。因此我提倡用正反馈的方式,即"你做错了,我等你重新再来;你做对了,我给你好的反馈,欢迎你以后继续这么做"。

啦啦以前经常在写完作业后任凭书本、文具乱扔在书桌上,经常是次日早晨起床后在忙乱中收拾书包。妈妈耐心提醒了几次后,终于看到一次啦啦自己主动地收拾了。妈妈就立刻给予了正反馈："你今天很自觉，没有让我提醒，看来你是养成好习惯了。"

后来啦啦需要母亲提醒的次数越来越少了，甚至有一次啦啦还提醒爸爸，让他把桌子上看完的书收拾起来，爸爸很高兴地说："啦啦，你竟然这么看重整洁，我好开心呀！你最近的进步好大，我要向你学习！"

需要强调的是，父母提醒孩子时尽量不要带有情绪，应温柔一些，字数尽量少。比如，当妈妈看到啦啦的书没收拾时，只需指指桌子，然后轻轻地说一句"书"，啦啦就能立刻明白了。关于和孩子沟通的具体方法有很多，大家可以参考阅读《如何说孩子才会听，怎么听孩子才肯说》(*How to Talk So Kids Will Listen & Listen So Kids Will Talk*)一书。

请求

请求，是与命令或要求相对的一种表达方式。马歇尔·卢森堡(Marshall Rosenberg)在《非暴力沟通》(*Nonviolent Communication*)一书中对请求有较详细的分析介绍，大家可以参考阅读。由于篇幅所限，本书就不对此展开讨论了。

能量的消耗与补充

中医认为人的"气"一旦耗尽，就意味着生命的终结。在孩子的成长问题上，能量的耗尽同样意味着重度抑郁甚至是走极端。我们让好动的孩子在运动场上挥洒汗水，并不是让他消耗能量，而是让他的能量在合理的通道里流动。黄河水在河道里时，被称为"母亲河"，但黄河水若在河道以外就成了"洪水泛滥"。所以我们不能希望黄河水不流动，而是希望它只在河道里流动。同样，当看到孩子的能量以不恰当的方式流动时，我们该做的也不是压抑，而是疏导。人在年轻的时候，往往能量最充足，同时又是最不善于控制能量的时候，所以此时最需要父母的疏导。如果家长在遇到孩子问题时,既不能将孩子的能量疏导到合适的通道中,也不让能量继续在不恰当的通道里流动,就会压抑住孩子的能量。这样不仅增加了爆发"洪水"的可能性,同时也导致了大量的内耗。中医理论中提出的"通则不痛,痛则不通"中的"通",指的就是经络是否畅通。如果不畅通,那么不仅要疏通经络,还要补"气血"。教育也是一样,我们不仅要帮助孩子减少内耗,还要给孩子补充能量。

孩子消耗能量的方式有很多,克服困难、克制情绪、抵制诱惑、应对挫折等,都要消耗大量的能量。父母最常见的错误是,让孩子把大量的能量消耗在克制情绪上。在与孩子发生矛盾时,即使孩子表达出了情绪,但是他的能量同样会被消耗,只是消耗的量有所不同,这与情绪的表达方式是否恰当有关。孩子在不懂得恰当表达情绪的情况下,能量的消耗就会增加,因此到了学习时,就显得能量不足了——因为克服困难也需要能量,而对于大部分孩子来说,学习本身就是一件有一定困难的事情。近些年出版的大部分家庭教育类专著,都涉及了如何与孩子沟通,实际就是希望父母与孩子通过良好的沟通,减少孩子的能量消耗。至于克制诱惑,由于很多孩子在与父母沟通时、学习时消耗了太多的能量,因此他们在克制诱惑时,就会显得能量不足了,就更别提学习了。**父母需要做的是,在其他事情上尽量减少对孩子能量的消耗,并且尽量寻找为孩子补充能量的途径,这样孩子自然就有更多的能量去学习,抵制诱惑也变得更轻松了。**而说到挫折,其实很多时候,只是一种主观感受,同样是考了 90 分,如果父母很满意,就可能对孩子而言不构成挫折;如果父母不满意,还严厉地批评孩子,就会让孩子产生挫折感。一些家长似乎迷信地认为"对现状不满是进步的唯一动力",所以他们为了孩子的进步,即使心理高兴,也要压抑住,甚至故意表现出不满,而如果本身就不满的话,则更不用说了。但实际并非如此,除了对现状的不满,对美好的向往同样也可以让人进步,而且在当下的社会环境中后者可能比前者更有效。

关于能量的补充,方式也有很多,诸如被认可、被信任、被接纳、被赋予责任、获得成就感,甚至充足且高质量的睡眠(不仅可以补充体力,还可以使人的心态变得更积极),都能给人补充能量。其实,很多事情都是既能补充能量也有可能消耗能量的,比如与父母沟通——沟通得不好就会消耗能量,沟通好了就能获得能量。学习也是既消耗能量又可以获得能量的,如果孩子在学习过程中,获得的能量总体上大于等于消耗的能量,孩子就会表现出自驱的状态,这是所有家长最希望看到的。就好比一辆车边开边充电,充电的速度比耗电速度还快,理论上讲,这辆车是可以一直不停地开下去的。

因此,我一直强调,**父母要尽量让孩子在与学习相关的活动中获得好的体验**,比如考好了得到认可,考不好不被批评,哪怕父母只做出这一个改变,孩子的状态都可能有很大的好转。当然如果无论考得好不好,家长都对孩子表示出稳定的信任,则是更好的。因为只有父母情绪的稳定才会给孩子安全感,他就可以不花心思去经营与父母的关系,从而专注于体会自己内心的感受。孩子内心给予自己的奖惩对成长的促进才是最深刻、持久且有效的。

不过,很多父母尚未搞清楚认可、表扬、要求的区别。比如,有些父母以为说"你考了95分,太棒了,如果下次能考100就更好了"是认可和表扬,但在孩子看来这其实是要求,甚至是个圈套。表面上看,父母需要掌握一些与孩子沟通的常用话术,但若深入地探索原因,就会发现父母之所以会这么说,是因为其内心的能量不足,不能接纳自己的不完美,所以也不愿接纳孩子考了95分的不完美。所以此时如果父母按照所谓标准的话术去和孩子沟通的话,就无法完全表达出内心的真实想法,久而久之,父母会很难受,积累到了情绪压抑不住的时候,甚至会以更坏的方式爆发出来。所以要想彻底解决亲子沟通问题,父母仅仅掌握一些非暴力的语言是不够的,而是要解决自己的问题,疏通自己压抑的能量,增加自己获得能量的通道，只有自己的能量足了，才不会轻易因为孩子偶然的考试失利而忧心忡忡。而当你内心平静的时候，你随口说出的话都有可能是教科书式的非暴力语言，你不经意之间的一个眼神、一个动作都会让孩子感受到无尽的信任与力量。所以，用方法来约束语言是无法长久的，只有成为随口说出的话时，真正的改变才刚刚开始。

孩子在学习的过程中取得进步，是其获得能量的一种健康方式，攻克一道难题、完成一次作业、考试成绩提高了几分，都可以让孩子获得能量。不过，对于大多数孩子而言，与克服学业压力相比，处理与父母的关系所消耗的能量是微不足道的。实际上，自驱型的孩子是少数，如果有可能的话，父母应该尽量为孩子创造自己补充能量的机会。

给孩子补充能量的方式有很多，比如创造性、挑战性、趣味性的活动，都可以视为心理健康的"保健品"，但具体应用也要考虑活动、方式适用的范围。具有创造性或(和)趣味性但挑战性较低的活动，更适合心理状态不佳和有过心理创伤的孩子，比如泥塑、软木雕等比较简单的活动。孩子通过这类活动获得的成就感来获得能量。二战后，华德福为德国的大量孤儿创办的华德福学校，其培养计划中就包含大量这类课程，其目的就是疗愈那些在二战中经历了心理创伤的孩子，最终也取得了不错的效果。而对于那些心理状态略好的孩子，可以适当增加活动的难度，让他们在活动中经历一些挑战甚至挫折，让他们最终发现实际自己远比想象的要强大，从而通过这类活动获得自信、获取能量。

如果可以把创造性、挑战性和有趣性这三个要素结合起来，那将是更完美的活动，不仅效果好同时也会深受大多数孩子的喜爱。下面分析一个案例，可以作为家长自行设计活动，或者为孩子选择课外活动的参考，也可以为教育工作者设计活动提供灵感。

案例

以我全程跟踪、调研过的营地活动之一——为期8天的创意竹艺夏令营(以下简称竹艺课)为例。第一天,老师向孩子展示一些竹艺作品,大家看完之后的反应大多是:"好漂亮,但是看起来太难了,我肯定做不出来。"但在老师的耐心引导和几天的练习之后,最终每个人都做出了自己设计的、独一无二的作品,有一些甚至非常精美。此时孩子们内心都充满喜悦。在活动结束后的一个月内进行的回访中,有85%的孩子表示很喜欢这次活动,以后还愿意参加这类夏令营;有65%的家长表示孩子回家后主动和他们分享了夏令营开心的事情;30%的家长表示孩子对夏令营的同学和老师依依不舍;有25%的家长主动在微信群里用大段的文字分享了孩子回家后的积极变化。令我印象最深刻的是一位初一女生小琳。她是第一天情绪反应最激烈的,在电话里生气地向妈妈抱怨营地的床板太硬、米饭太硬等各种问题。等到结营当天,她也是最激动的,不仅和每个人拥抱告别,还表示说自己不想走了,想永远住在这里,回家后还主动告诉妈妈这次活动是她人生中一次非常重要的体验,以后还要报名这样的活动。除此之外,一位原来和家长有隔阂的孩子在活动回家后与妈妈达成了初步的和解,妈妈给孩子买了一套他想要的课外书,结果孩子看手机的时间明显减少了,学习状态也有了很大改善。还有一位家长向我反馈,参加完竹艺课,孩子开学后上课敢于主动发言了,这是以前从来没有过的,还因此得到了老师的表扬。

在整个竹艺课过程中,还有很多让人印象深刻的细节。比如在送别时,有人哭了,有人给老师发信息说"你好漂亮",有人在车上对田间的黄牛大声喊:"再见,老牛。"从大家第一天交手机时不情不愿的态度,到最后两天的主动交手机;从没了手机就无所事事,到每天晚上习惯了下棋、看书、弹琴、交流等活动;从最初很多同学的矜持到后来与老师无话不谈。整个课程都让人感受到了满满的正能量。

总之,这次活动的良好反馈占了绝大多数,但是也有不好的事情。比如,由于课程主题是自然健康,所以只提供新鲜水果作为零食,不提供包装的零食、饮料等。小松的妈妈甚至给老师施压:"如果孩子因为没有零食、饮料而情绪失控的话,你们是要负责任的。"整个 7 天下来,小松参与活动的积极性都不高。

分析

小琳之所以会从一开始对环境的反感到后来的依依不舍,是因为她在活动中获得了正能量,因而对获得正能量时所处的环境也产生了连带的好感,正所谓爱屋及乌。硬板床睡起来不舒服,适应过程会消耗能量,但最终小琳不仅适应了,还因此认为这是自己难得的经历。这说明在活动中小琳获得了足够的能量并且得到了合理的引导,足够的能量让她能够适应环境,而合适的引导让她看到了整个课程美好的一面。前面说过,很多事情既可能给孩子补充能量,也可能消耗能量。相比之下,在我之前调研过的个别军事夏令营中,一部分孩子在结束之后表示:"再也不想参加了,因为太遭罪了。"之所以会有这样的差距,总结下来主要有两个原因:第一,活动设计缺乏趣味性和创造性;第二,老师引导的不恰当。而在竹艺课中,首先,其包含了趣味性。具体地讲:从设计制作笔记本,到学习使用工具并设计制作竹艺作品;从采摘并制作手工凉粉,再到 DIY 美食联欢会;从下水捉泥鳅,到用自制的竹水枪过泼水节;从搜集自然材料并制作竹筒,到吃上自己煮熟的竹筒饭。所有的活动都具有较高的自由度和新鲜感。自由发挥比按照统一步骤制作更能够调动孩子的创造性,新鲜的事物更能够满足孩子的好奇心并激活他们的探索精神。孩子的这些能量被激活了,就会感觉很有趣。其次,竹艺课的内容也具有较强的创造性,可以让孩子获得成就感。在本活动中,不仅每个孩子都做出了不同的作品,而且在最后的拍卖大会上,很多同学的作品还产生了实际的价值,这些都让制作的同学获得了超预期的成就感。很多人吃过竹筒饭,在大人看来都很难完成的事情,却没有制作过竹筒,尤其是对于大部分缺乏动手机会的同学而言更是如此。在大人看来都很难完成的事情,但经过一到两天的练习和老师的耐心指导,绝大多数同学都竟然可以自己动手做出竹筒来了。也许很多孩子都吃过凉粉,但没有几个人通过从自然界采摘果实来制作凉粉。这些都是创造性的体现。值得注意的是,创造性不应仅仅体现在具体的事物上,更应该体现在思想上。比如,有一些夏令营中的老师让所有的孩子按照同样的方法做出相同的作品(比如木碗、竹笔筒等),孩子的积极性就远不如上例设计的竹艺课。这是因为做相同的作品对孩子而言只发挥了手的创造性,却没有发挥脑的创造性。大家别小看这个细节,这不只是体力与脑力的区别,也是仿制与原创、流水线工人与设计师的区别。那么由此带来的成就感当然不同。另外,竹艺课活动中还包含了一定的挑战性。很多同学一开始连锯子都拿不稳,但最后却用它做出了精美的作品。烈日下五公里的徒步,对于一些平日里缺乏运动的同学来说也是有些挑战的,所以说,在选择活动时,还要考虑孩子自身的情况。

能量虽然无法量化,但总体上看,绝大多数孩子都在这样的活动中得到了能量的补充,如果一直持续下去,相信孩子们的行为都会有改善。但也不是所有的孩子都那么恰巧地会在活动期间或之后的短时间内发生明显的行为改变,况且一部分家长还会在孩子结束了营地活动后,继续在日常生活中消耗孩子的能量。所以家长在让孩子参加活动的同时,自己也要做出适当的改变,并且不要有急功近利的想法。

如果活动本身设计得好,引导孩子就会比较容易;而如果老师引导得好,活动开展起来也会更顺利;所以活动的设计和老师的引导是相辅相成的。该竹艺课中老师的引导多以结合孩子的体验进行提问为主,孩子都比较接受。在教育的手段方面,体验优于身教,身教优于言传。而提问以及任何可以引起思考的谈话都会使孩子的思想和身心得到成长。

除以上活动外,我还参与设计了不少活动,其中一部分在实践中取得了较好的效果,由于篇幅所限,这里仅介绍四套课程设计的大致思路。

[例1]制作英语微电影

5~8人一组,选择一本英文小说原著,选择其中一段,读懂之后将其改写成剧本,然后大家设计、制作或采购道具,排练并拍摄,经过后期处理,最终形成一段几分钟的微电影。在整个过程中可以适当分工,比如演员、化妆师、导演、摄影师、灯光师、剪辑师、特效师等。活动可在8~10天内完成,需要有一定经验的老师作为指导。该课程适合初高中的孩子,可作为营地研学活动。

[例2]木(竹)屋搭建

10~20人一组,在老师的带领下利用木料设计并制作一栋可以住人的房子,从工具的使用到木料的初步加工,从设计房屋整体造型到固定方法的确定,从动手制作到完成后的美化,活动时间可长可短,主要看房子的大小和人数的设计。该课程适合初高中的孩子,可作为营地研学活动。

[例3]构建未来学校

15~30人,可分成两组,共同设计一所理想中的学校。通过头脑风暴、辩论赛等方式确定办学理念和培养目标。可以分组设计校徽、吉祥物等,根据最终确定的校徽设计图案定制文化衫以激励小组成员。通过模拟面试的形式为未来学校招聘老师。指导老师可作为应聘者,学生作为面试官。全体成员进行自主学习①体验,每位组员选择一个学习方向,自主设定学习目标。老师提供足够的学习资料,让孩子们用一个小时体验自主学习,并自己评价学习的效果,然后投票决定是否将这种自主学习的方式作为未来学校的教学手段之一。另外,还可以增加校园设计、社会调研、最终方案的答辩等环节。该活动适合初高中及大学生,对老师和学生的能力要求较高,整个活动大概需要5~8天的时间。

[例4]自行车拆装

1~2人一组,在家长或老师的指导下,将一辆老式自行车彻底拆成

---

① 有关自主学习的更多细节可以参考黛安娜·塔文纳(Diane Tavenner)听写的《准备》(*Prepared*)一书。

独立零件,再正确地安装好。在拆之前应学会使用工具及零件的管理方法等,然后再将自行车重新安装,并调试至可以使用即完成要求。如有可能,也可以增加一段骑行环节,但须佩戴全副护具,并有专业人士提供安全教育及带队。该活动时间约为2~3天,适合小学高年级和初高中的孩子。

以上仅是抛砖引玉,希望读者可以举一反三式地设计更新、更好玩的活动。值得注意的是,即使是完全同样的设计,由不同的老师带队,效果可能会有较大的差异。除了受老师个人经验、能力、格局等因素影响之外,老师对教育事业的热情、教育理念与活动的设计理念是否相符也是重要因素。

心理能量的循环与代偿

如果一个孩子得到了父母的信任,自我认同感就会比较高,当他遇到挫折时,即使没有别人的鼓励,他也会表现得更坚强,灵活调整心态而不轻言放弃,最终获得成功的概率也更大。自我认同就像是人心中的一个能量池,当人需要时,它就会释放一定的能量,驱动着人以积极的态度面对生活,而每当经历一次成功,能量池里的能量就会得到补充。

当孩子在学校遇到挫折,能量就会降低,如果原本亲子关系良好,孩子就可能主动和父母倾诉,在被父母合理引导的同时,亲子关系就会为孩子与学校的关系提供代偿,即父母在一定程度上补充了孩子在学校失去的能量。如果孩子原本和父母的关系不太好,那么孩子很可能装作若无其事,根本不和父母提起这件事。因为他知道,亲子关系本身都已岌岌可危,哪还经得起这大风大浪的折腾?他可能会与自己的好朋友讲,希望从那里得到安慰,但朋友能给的能量往往无法与父母给予的相提并论。但孩子这么做也是无奈之举,当主要的关系不承担代偿能量损耗的责任,他就只好向次要关系求助。如果孩子习惯了这样,并且遇到了一些不良朋友,很可能就会学坏。我们从一些新闻报道中可知,大部分犯罪分子和父母的关系都不太好。

因此，在孩子成年之前，亲子关系是最重要的。人们常说"家庭是心灵的港湾"，其实也可以把这个"港湾"看成是一家人的公共能量池。如果你升职加薪，很可能首先会想到和家人分享，给爱人买礼物，或带家人去吃顿大餐，等等。此时，你就把能量传递给了家人。当你遇到挫折时，你也更有可能在家人面前表现出低落的情绪，家人看到你低落的情绪，就会给你更多的关心和包容。此时，能量又被你取出来一些，这就是家庭能量池的作用。

无论能量在各种关系中循环，还是在能量池中存取，都需要顺畅的通道。如果你的家庭关系不和谐，那么你在获得成功时就未必愿意和家人分享，并且在你需要能量时，家人能给你的能量也不多。因此，本着"上医治未病"的思路，一方面要处理好各种关系，同时也要多存储一些能量。这和中医理论中提倡的"疏通经络""补气养血"不谋而合。

如果一个家庭的所有成员都心态积极地获取能量，并且家庭成员之间关系融洽，那么这个家庭的所有成员的生活质量都会有所提高，对抗风险和变故的能力也会提高。当一个孩子内心的自我认同感很强，并且和父母、老师、同学的关系都很好时，他在各方面的表现也都可能更接近自己天赋的上限，当遇到挫折时产生的负面影响也会更小。

这些说起来容易，但真要去改善各种关系，其实存在着重重困难。比如，你的配偶可能和他自己的关系也并不和谐，或者说他本人就是一个能量较低的人。对此，你要想办法帮他补充能量。你要先看看他的能量为什么会这么低——可能是因其过去的经历所致，也有可能是他在近期不断地消耗着能量。如果是前者，他或许需要找到一个新的能量来源，比如深造进修、培养一个兴趣爱好、适当运动、读书等，必要时还可能需要接受心理治疗，或与其原生家庭和解。如果是后者，你先要确定能量消耗的原因，比如因长期上夜班，黑白颠倒的作息导致其身体循环紊乱、情绪失控等，就要考虑换个工作。如果是在特殊岗位工作(比如负责接待投诉的客服人员或是医院急救室的工作人员),就需要调整他与工作关系的能量循环。其实,我们也可以从这类工作中获得成就感。比如,如果能使一个怒气冲冲的人在三分钟内平静下来,这就是能力的体现;如果能让患者在临终前减少痛苦,并且能更好地安抚患者家属,那么这也是很伟大的。这种能量来自价值观对行为的催化作用,就是带给家人的价值观引导。如果你认可了配偶的工作价值,他就会获得更多的能量,你也能从中获益。这些看起来与孩子的成长问题关系不大,但其实各种关系之间都会相互影响,只要帮助所有的家庭成员处理好各自的能量循环通道,孩子的能量问题自然就会变好。也许你会觉得这真是太麻烦了、太难了,但是请静下心来想想,不难、不麻烦的方法你之前是不是也尝试了很多,但效果如何呢?其实最难的不是如何提升家庭的能量,而是真正认识到这才是从根本上帮助孩子的方式。

前面提到了价值观,这也是一个非常重要的因素。即使一个人和家庭的关系很好,但如果整个家庭的价值观都是扭曲的,那么这个人也可能会走上犯罪之路。价值观端正,从本质上讲就是与社会关系的和谐。一个人的价值观要尽量与社会主流的价值观相和谐——在大的方向(比如基本的道德标准、对法律的敬畏、对大自然的敬畏和保护意识、对祖国的忠诚等)上不可有偏差。要想端正价值观,就需要多接受正确价值观的教育,要多思考、多读书、多交流,还要多了解社会时事。只有将眼界打开、格局放大,才不容易因为狭隘而形成与社会不和谐的价值观。

需要说明的是,即使孩子周围的人能量都很充足,如果不能与孩子有良好的联结,那么也无法使能量顺利地循环起来,其他人的能量也不能及时地补充给孩子。**建立联结的最好方式就是沟通,而开启沟通的最好方式就是用正反馈去增强孩子沟通的意愿度。**也就是说,当孩子跟你主动说某件事情时,无论他说的是什么,你都一定要有先回应"说"的这个行为,其次才是"说"的内容。你要先感谢孩子愿意主动和你沟通这个行为,比如"宝贝,妈妈很高兴你愿意与我分享这些事情,这是你对我的信任,这让我感到很幸福""感谢你愿意和我分享这些,我想你当时一定很委屈/很难过/很兴奋……我要是你,我也会这样"。这是你在与孩子共情他当时的感受。接下来,你还要有进一步的回应。对于高兴的事,你可以这样回应:"我真为你感到骄傲,你在做这件事情的过程中体现出了不急不躁,最终才能获得这么好的结果。"这种回应方式既能表达出对孩子的肯定,还能趁这个机会给孩子渗透正向的价值观。对于悲伤的事,你可以这样回应:"孩子,你已经尽力了,接下来你希望我为你做点什么?"此时孩子最需要的是你的支持,当你询问孩子希望你给予他怎样的支持时,或许他就已经得到了你最好的支持。虽然以上的话术看起来不多,但如果父母心里早已不耐烦,即使嘴上说得再好听,也还是达不到效果。相反,如果你真的因为孩子主动和你沟通而感到很开心的话,你会在听到他说出第一句话的时候就立刻两眼放光,很兴奋地看着孩子,并很认真地去倾听,这时即使你不说任何感谢的话,他可能已经完全感受到了你的这份珍惜。我们真的要珍惜孩子每次与自己的主动交流,因为如今还愿意主动和父母说心里话的孩子真的越来越少了,尤其是孩子步入青春期后。有的父母会自以为孩子与自己无话不谈,却不知道其实孩子对自己隐瞒了很多,因此永远都不知道孩子心底的那些事。所有的爱都是指向亲密的,只有亲子之间的爱是指向分离的。孩子越大,和父母就越疏远。再次强调,**请珍惜孩子与你的每一次主动沟通!**

只要孩子发现你更关注的是他愿意和你说的这个行为,其次才是他说的内容,他就会更愿意去说,甚至会愿意和你说一些与你的价值观不相符的事情。请记住,你要先感谢孩子愿意主动沟通的行为,然后是"做对了有奖励,做不好没批评",在这种有爱、有安全感的环境中,他的这种主动沟通的行为就更容易成为习惯。我并不提倡随意的物质奖励,这里所说的"奖励",可以是一个大大的拥抱、一个肯定的眼神、几句高能量的话语,不同的孩子喜欢不同的方式,父母可以根据孩子的特点灵活选择。

> **小贴士**
>
> 　　如果你发现孩子已经不太愿意和你沟通了,那么你最好回忆一下,孩子是从什么时候或是在经历什么事件之后变成这样的?找到根源,再去反思。
>
> 　　有时,很可能是什么事都没有发生,只是因为孩子长大了,而父母对孩子的态度并没有跟上变化,即没有跟上孩子成长的节奏。因此,在教育孩子时,父母必须跟上孩子的成长节奏,适时调整自己的心态和与孩子的沟通方式。

学习与思考

在营地活动中,我经常会鼓励孩子们进行才艺表演,多数孩子并无专业背景,小观众们常常表现出不耐烦,甚至偶尔出现喝倒彩的情况,老师往往会在恰当的时候给出如此的引导:"为别人喝彩,不是因为别人优秀,而是因为你优秀,因为你有一双善于发现美的眼睛,别人自知技艺不精湛,却敢在你面前放松地表演,说明他把你当成自己人了,他对你如此信任,你回报以欣赏的态度,投桃报李,你们就成了好朋友。"我会把这类常用语整理起来,给带队老师做参考。因为这种价值观的引导是我们营地教育的核心目标之一。

古人将医生分为三个等级,即"上医医国,中医医人,下医医病"。我虽阅历浅薄,但想根据自己的理解将教师分为三个等级。上等老师点亮灵魂,即把孩子当作一个完整的人来对待。他们具体做三方面工作:第一,唤醒学生内在的善良;第二,激发学生主动思考和探索的精神;第三,引导学生的价值观、人生观、世界观,使其更加适应时代发展。中等的老师培养学生的思维模式及素养(比如整体思维、批判性思维、文学素养、艺术素养等)。下等的老师则培养学生的应试能力。下等老师比比皆是,其教学效果也最容易量化,而中等老师尤其是上等老师的工作价值是非常难以评价的,但其价值和意义却极其深远,也更加难能可贵。

我划分的这三个等级并非是对具体的人而言,更多的是针对教育者的工作内容,有些老师可以同时兼顾这三个等级内的职责。

本书前6章主要围绕育人话题展开,主要谈的是如何完成上等老师的工作。但无论是老师还是家长,都希望在向孩子传授知识时,可以既轻松又高效,同时又能够不与上等老师的工作相矛盾。那么,如何让教书与育人更好地有机结合呢?该如何引导孩子更好地学习和思考呢?相信家长和老师都非常关注,所以本章将专门对此展开讨论。

感性的学习

我曾在一所高职院校任教,其间一位叫李伟的学生在毕业论文答辩现场的一番话引起了我的反思。他说:"老师,刚才张强表现得太好了,我都不敢说话了,感觉他就像个专家一样,和你互动得那么好。"李伟同学平时上课认真听讲,考试成绩优异,而张强平时上课常常在后排睡觉,考试也往往是刚及格。但张强在地铁公司实习了5个月,回来以后就在专业方面对李伟形成了压倒性的优势。而我刚刚和张强讨论的也都只是课本上提到的知识,没有任何超出教材内容的部分。李伟却觉得有些跟不上。

难道三年的理论学习都抵不过5个月的实习效果吗?其实,稍加思考便不难发现,知识和文字本来就是完全不同的两回事。教育者之所以要把知识以语言文字的形式进行传播,是因为只有这样才能使同时接受知识的人数不受限制,即可以提高输出效率。而实际上语言文字和符号,在传播知识的过程中只是充当了一个媒介的角色。就相当于在网络传输中,数字信号在被发射之前往往需要进行调制以便于传输,信号被接收后必须再次解调才能被接收方读取。

知识输出者需要把知识凝练成语言,这一过程受限于知识输出者的表达能力和语言系统本身的完善性;知识接收者需要把接收到的文字转化成自己的思想,这受限于接收者的理解能力和生活阅历。张强在地铁公司实习期间,在某种程度上避开了语言媒介而直接面对知识,考核方式通过实操直接指向知识本身。然而,李伟在学校学习期间,不仅学习的方式要经由语言媒介进行二次转换,考核方式也只是指向媒介而非知识本身,他误把掌握知识的媒介当作了掌握知识本身,所以才有了在答辩时的那一番话。

一些家长在选择阅读家庭教育的文章时,特别青睐带有诸如"五个要素""六个方法""三个绝招""四个步骤"这类关键词的标题。是因为这样的标题会让人感觉自己似乎真的获得了实实在在的知识,而实际上正因为这些文字看起来太像知识了,所以往往使读者把过多的注意力停留在文字上,最终可能只是记住了描述这几条知识的文字而已。然而,只有在忘记这些文字时,才会真正把这些知识融入平时的一言一行中。正如截拳道大师李小龙所说的,"你学会的就意味着你忘记的"。这是因为,当你真正掌握某种知识时,运用起来就像呼吸一样自如、习惯,甚至自己都毫无觉察。因此也就不必继续把用于记录知识的语言文字符号存储在大脑里了。

尽管如此,我们在学习时仍然无法完全跳过语言媒介而严谨且完整地表达,那又该如何提高学习的效率呢?首先,语言文字之所以能对学习者产生影响,是因为学习者掌握了这种语言,并有与该语言内容相关的阅历,而且还具有思考的能力。相关的语言描述引起了学习者对这些经历的回忆,并通过大脑一系列的活动对它们进行加工,最终产生自己对这些语言文字的理解。所以如果我们学习知识仅仅是为了在工作或生活中运用它,而非学术交流或者教学的话,对于学习者而言,最佳的学习方式莫过于亲身体验、耳闻目睹,其次就是倾听或者阅读可以最大程度触发之前阅历的语言文字,这样可以最大限度地激发大脑活动的语言文字。我能想到的最符合这些标准的语言文字就是讲故事和提问题了。讲故事可以最大限度地调动读者的相关经历回忆,而提问题则可以有效地引起读者的思考,所以我在本书中大量采用了这两种表达方式。这样做的好处是显而易见的,但也有坏处。比如,读者也许会因为没有掌握几条定理或者方法而感到空虚,但实际上在不知不觉中,你的内心已经发生了微妙的变化,而这种变化才是你真正的收获。也许这种收获既看不见也摸不着,但正如老子所说的"大道无形"。实际上,这种微妙的变化会使你在面对孩子问题时的反应发生变化,这种变化就是你的进步,而且最终带来的孩子的变化也是看得见的。

或许有些读者会觉得以上论述是在为本书没能给出太多具体方法而寻找借口,那么我在下面再举一些案例,希望读者能从中感受到转换表达方式的意义。

[案例1]可带来画面感的表述

下面我们对比一下讲解鸡兔同笼问题时采用不同表述方式的效果差异。

例题,鸡和兔子同在一个笼子里,一共有10个头,32只脚,请问鸡和兔子分别有多少只?

方式A:

我们先假设有10只鸡,0只兔,共有多少只脚?

每只鸡两只脚,共2只×10只=20(只)脚。看一看,20只比实际少了32只-20只=12(只)脚,为什么呢?因为我们把兔子强行当成了鸡,所以要增加兔子,减少鸡,把这12只脚补上去。那么一只兔子比鸡多2只脚,还差12只,12÷2=6(只)脚,所以就要把6只鸡换成兔子,也就是总共有6只兔子,10只-6只=4只鸡。我们再来验证一下,一共有4只×6+2只×4只=32只脚,和实际情况一样,所以答案正确。有4只鸡,6只兔子。

方法B:

兔子有4只脚,鸡有2只脚,我们现在让所有的兔子全体起立,让它们像小朋友一样站起来,现在笼子下面还有多少只脚呢?因为每个动物都是双脚站立,所以一共有2只×10只=20只脚,比刚才少了多少只脚呢?

32 只－20 只＝12 只脚,这些脚是怎么少的呢？每只兔子站起来时地上都会减少 2 只脚,一共减少了 12 只,所以 12 只÷2 只＝6 只,所以一共有 6 只兔子,而鸡的数量就是 10 只－6 只＝4 只了。我们可以验证一下,一共有 4 只×6 只＋2 只×4 只＝32 只脚,和实际情况一样,所以答案正确。有 4 只鸡,6 只兔子。

实际上,方法 A 是在教学中是最多被采用的表述方式。而当我花了不到三分钟,给一名数学成绩常常是 C 的四年级学生用方法 B 声情并茂地讲解之后(我真的会双手撑地,然后再假装一只站起来的兔子),她立刻兴奋地大喊:"我明白了,原来这么简单!"其实这并不奇怪,因为在方法 B 中,让题目有了故事情节,很容易把学生带入想象的世界,学生思考的潜能被调动起来,自然就更容易理解了。鸡兔同笼问题一直被学生视为稍难的题目,而实际上,难易程度只是相对而言。尽管我们必须承认人和人之间存在智力差距,但只要采用恰当的表达方式,每个学生都会比原来更聪明一点,题目自然就会显得简单一些。

如果采用恰当的表达方式,再加上对鸡兔同笼问题的简化和解构,甚至可以向学龄前儿童传授这种数学思维。我在女儿 5 岁半的时候,就向她传递了一部分这样的数学思维,而且她显然是接受了,下面是我和女儿的对话。

我:"宝贝,爸爸给你讲个故事。"

女儿:"好呀,爸爸。"

我:"从前有 3 只小白兔和 2 只小鸡,你算算它们一共有多少只脚呀?"

女儿:"是哪种小白兔？是站着的还是趴着的?"

我:"是趴着的。"

女儿迟疑片刻:"16 只。"

我很惊讶地问:"哇,这么难你都算对了,你是怎么算的,可以告诉我吗?"

女儿:"4+4+4就是12,2+2就是4,12+4就是16啦!"

我:"你太厉害了,我都没想到!那我再告诉你,一只小白兔比一只小鸡多两只脚,对吧?所以,如果一只小鸡回家了,然后又来了一只小白兔,脚的总数就会增加两只。那如果现在一共有18只脚,你猜有多少只小白兔,多少只小鸡呢?"

女儿迟疑了一下,我提醒说:"刚才是3只小白兔,2只小鸡,一共有16只脚,现在是18只脚了,比刚才多了几只脚呢?"

女儿:"我知道啦,现在有4只小白兔,1只小鸡。"

以上的沟通中,我用"小白兔"代替了"兔子",同时用了小孩子讲话的语气和女儿沟通,这都能让她理解起来更轻松,因为这是孩子的语言。我又增加了"小鸡回家,小白兔出来"的这个情节,她会感觉更有画面感,同样有助于理解。

为了避免误导读者,这里顺便还要补充一些题外话。我不主张超前教育,也不指望女儿将来成绩多么突出,我仅希望她以后学习轻松一点,这样可以有更多的时间参加我设计的课外活动。以我的观察,女儿的智力水平在同龄人中属于中等略微偏上一点,但算不上优秀。我给她传授的这种数学思维,对于她来说是完全没有超前的,不是因为她聪明,而是因为我对题目进行了简化,而且采用了恰当的沟通方式,在必要的时候给予提醒,给予鼓励。该在什么时候教什么知识,并不能只看这个知识点的名称,还要看你讲到什么深度,从什么角度去讲。另外再补充一点,家长最好不要有"乘胜追击"的想法,教育不是打仗,孩子学习新知识是要耗费能量的,她的耐心一旦用完了,你再给她教知识,可能不仅学不会,反而会对这种教学方式产生反感。所以,我常常是"见好就收",教学要细水长流,让教育在生活中润物细无声地发生。

[案例2]用生活化的语言来描述质壁分离现象

关于对初中生物课本中"质壁分离"概念的解释,因为篇幅所限,这里只给出生活化的表达方式,与其对比的常见表达方式,大家可以在网络上查询。

定义:把液泡发育良好的植物细胞浸在高渗溶液中时,原生质收缩而和细胞壁分离,此现象称为质壁分离。

我通常会在和同学们一起包饺子的时候顺便分享我对这个知识点的理解。因为包饺子要调馅,而诸如芹菜、白菜、西葫芦等水分较大的蔬菜在被做成饺子馅之前需要经历质壁分离的过程。我的表述大致如下:

我:"大家有没有发现,当切好的芹菜遇到盐水的时候会变软,而且会有很多水出来,这是为什么呢?"

同学们会说出一些自己的看法,我在耐心倾听并表示肯定之后,继续说:"芹菜是植物,有细胞膜和细胞壁,细胞膜在里面,细胞壁在外面。当芹菜新鲜的时候,它们是紧密地贴合在一起的,因为在细胞膜里面有细胞质,细胞质里含有很多水,它们把细胞膜和细胞壁撑得鼓鼓的,在外面摸起来就比较硬。当我们给切好的芹菜馅撒上盐的时候,因为盐和水的关系非常'亲密',它们非常想要在一起。可盐不能穿过细胞膜,但是水可以,所以细胞质里面的水为了和盐在一起,就穿出细胞膜,细胞膜很软,所以就变小了。但是细胞壁太硬了,没办法那么快变形,所以细胞膜就和细胞壁分离,这就是质壁分离。其实很简单,是吧?原来的芹菜细胞被饱满的水泡支撑着,就像装满物品的快递箱一样,按上去比较硬,但现在细胞膜这个大水泡瘪下去了,细胞壁就像空的快递箱一样,用力按上去就会变形。"

我在这里引用了很多和大家平时的生活经历有关的场景,这样可以使孩子调动自己有限的经验来协助理解这个概念。孩子们都喜欢听我讲课,其中一个重要的原因就是我喜欢用这种方式表达,这让他们感觉听课很轻松,知识似乎也变简单了。

[案例3]动手尝试并主动发现椭圆的定义

椭圆是高中数学圆锥曲线部分的重点知识,学习椭圆,首先要了解椭圆的定义。

椭圆的定义：平面内到两定点距离之和等于定长的所有点的集合。另一种表达是：平面内到定点 F_1、F_2 的距离之和等于常数的动点 P 的轨迹。

大部分老师在讲到这里的时候都会很严谨，尽量一字不差地叙述教材上的定义。

我在课外活动中也曾向初中生甚至小学生介绍椭圆的定义，但我并不是用以上的方式，而是在一个木板上钉两个钉子，然后把一根绳子的两端分别固定在这两个钉子上，绳子的长度大于两个钉子之间的距离，接下来用一支铅笔顶着绳子，使绳子始终处于紧绷状态，这样用铅笔在木板上画出轨迹。接下来我让同学们去观察这个轨迹像的形状，当有人说出"椭圆"时，我就顺势说："对，这就是椭圆，那么我们现在来看看这个椭圆是怎么画出来的？有什么规律吗？"虽然大家进行了热烈的讨论，但是没能得出较为准确的定义。此时，我就会问大家："如果我把这两个钉子合并成一个钉子，把绳子的一端绑在钉子上，另外一端绑在铅笔上，那样画出来的是什么形状？"很快就有人喊："是圆形。"我说："对啦，现在只是把这一个点分成两个点了，然后绑在这两个点上的绳子长度仍然是固定的，我只是用笔顶着绳子中间画出了椭圆，大家想想看，怎么总结椭圆的画法会比较准确呢？"经过讨论后，终于有人说："老师，我知道了，你这个铅笔到这两个钉子的距离之和是一个固定的数，然后画出来就是椭圆了。"我很高兴地肯定了他的发现，其他同学也都表现出恍然大悟的样子。虽然这位学生的表达不够严谨，但实际上他已经领会了椭圆定义的核心要义。由于授课对象是初中生和小学生，我没有继续强调椭圆的严谨定义，但我相信，他们对椭圆的感性认识已经形成了。相信他们在以后学到椭圆相关的知识时，会感到学习的轻松。

也许每个高中数学老师都了解这个方式，但却极少有人真正在教学中为学生预留出这么多时间去探究椭圆的定义，更很少有教师真正让孩子们尝试借助两个钉子和一根绳子，用笔在木板上画出椭圆，但实际上动手体验会让学生更好地理解这个知识点。如果一些同学可以因此自己总结出椭圆的定义,那么理解就会更加深刻。作为老师,我们除了将知识传递给学生,还应该引导学生自己发现知识。而动手的过程,对于发现知识的帮助是不可小觑的。

我在和一些高中生交流时发现,他们对各种圆锥曲线的定义理解得不够深刻,以至于在解题时往往无法灵活地运用相关知识,他们往往需要先回忆一下定义,然后再看看题目中是否有相关的条件,而对于那些理解深刻的孩子而言,就直接跨过了回忆定义这一步,他们想当然地就用对了定义。因为定义对他们而言相当于生活常识,如同知道水在常压下的沸点是100 ℃一样自然。

探究来的知识会被我们当作常识灵活地运用,而听讲学来的知识更可能被当成公式来记忆,生搬硬套的运用和浮于表面的运用更多见。

[案例4]借助旧知识(常识)理解新知识

基尔霍夫电流定律表明:所有进入某节点的电流的总和等于所有离开这节点的电流的总和。

这是大多数理工类大学生在"电工技术"这门课程中必学的知识点。在实际教学中,尤其是对于基础不太好的学生,他们一看到这个定律的名字,还没等了解其内容,就已经有了些许畏难情绪,而我并没有直接向学生介绍这个定律的严谨表述,而是首先在黑板上画出一个大家非常熟悉的电路图(如图6-1所示)。事实上那是初中物理最基本的知识,哪怕是物理成绩不太好的学生也对此非常熟悉。

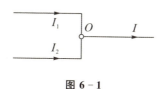

图6-1

我是这样说的:"在这个电路中,大家都知道,总电流等于各支路电流之和,所以有 $I_1 + I_2 = I$,我们可以看到,I_1 和 I_2 是进入节点 O 的电流,而 I 是离开节点的电流,它们是相等的。这些知识你们初中就学过了,实际上你们初中就已经在用基尔霍夫电流定律解决问题了,所以其实它也就难在名字上,而内容非常简单。"此时大家恍然大悟,并很快放下了畏难情绪,接下来我只是在这个例题的基础之上做了一些拓展,很快几乎所有人都完全掌握了这一知识点。

在讲述新知识的时候,如果可以引用学习者熟悉的旧知识,甚至是常识来辅助解释新知识的话,效果会事半功倍。

以上案例都是关于课本抽象知识的列举,而在实际生活中,用类似的方法和孩子沟通则更是常见。比如,孩子回家不想写作业,此时你可以提醒他,还记得上次你回家先写作业,然后很快写完,你在玩的时候还感叹自己从来没那么轻松过吗?这就是引用了孩子之前的经历,用他的亲身体验来帮助理解这句话,效果往往会更好。

以上四个案例中的方法,主要是用于在缺乏实践机会的情况下,通过使用贴切的语言让对方理解得更好。但最好还是为孩子创造一些实践的机会,这样可以让孩子对知识理解得更好。这种实践可大可小,小到可以融入生活中的每一个细节。

案例

我在切蛋糕的时候对女儿说:"我现在把一个蛋糕切成三块,它们的大小都一样,给你一块,也就是整个蛋糕的三分之一。"女儿会问我什么是三分之一,然后我解释,就像她在平时和我沟通中遇到不懂的词语也会问我一样平常。其实认识分数是小学数学课本三年级才教的知识,但如果你是为了沟通而使用这个词,而不是把它放在课本里,5岁就可以学了,因为人从一出生就开始学语言了,这一点都不超前。在日常生活中使用"三分之一"这个词,其实就是实践了这个词语的应用。而一旦进入课本,就脱离了实践,因为那不是为了使用这个语言才学,而是为了学才使用。一次我和女儿玩海盗船,女儿对我说:"爸爸,你有没有感觉当海盗船到达最高处的时候屁股好痒痒呀?"我就对她说:"是呀,那是失重的感觉。"女儿当然会问我什么是失重,而我当然不会用晦涩难懂的牛顿力学知识解释给她,只是告诉她:"你有没有感觉那时屁股都快要离开凳子了,快飘起来啦?那就是失重。"等下一次我们坐电梯上楼时,在电梯启动的一瞬间,我告诉她:"现在这种感觉是超重。"等快到达的时候,我告诉她:"现在的感觉是失重。"等她对这些词语都熟悉之后,我会在她上小学之后的某个时间,把一个体重秤放在电梯里,让她站上去,观察电梯启动和到达时的体重读数变化,然后再结合自己的感觉去理解超重和失重的含义。这样一来,不需要太多的语言,就可以轻松地让一个小学生理解高中物理的概念了。

分析

这样做不仅可以帮助孩子提前理解概念,从而让孩子以后的学业更轻松,更重要的是,这样可以直接让概念进入她的感性脑[①]。每个智力正常的成年人都知道7+8=15,但当别人问你这道题的时候,你是否需要经过深思熟虑然后才得出结论呢?当然不是,其实绝大多数情况我们完全不需要思考,就可以脱口而出"等于15"。这是因为这个结论已经进入了我们的感性脑。当把知识放入感性脑的时候,给人的感觉就是信手拈来。有些学生之所以感觉学习很轻松,那是因为他把能放进感性脑的知识尽量多地全都放进去了,而实在放不进去的,才在做题的时候用理性脑思考一下,这样一来真正需要思考的内容就少得多了。所以在做题的时候就很轻松,畏

[①] 在丹尼尔·卡尼曼(Daniel Kahneman)的《思考,快与慢》(*Thinking, Fast and Slow*)一书中,认为人的大脑思考时可以采用系统一或系统二这两种方式之一,这里的感性脑即对应该书中的系统一。

难情绪自然就少了,反而在和其他同学对比时可以获得优越感,这就促使他们更加热衷与学习,成绩自然就更好了。在小初高12年的学业中,既可以放在感性脑也可以放在理性脑的知识实在是太多了,而不同的人有不同的选择,这也是导致不同学生之间存在较大成绩差异的重要原因之一。

尽管以上案例中提到的方式很好,但对于一部分家长而言却不具备可操作性。这并不仅仅是因为有些家长的学历不高,不太了解那些知识,而更多的是因为很多家长虽然也曾经学过以上知识,但由于学习时所采用的方式并不能使其进入感性脑,所以在毕业后很快就忘记大半了。人类文明的延续不仅是靠课本上的知识,更要靠进入感性脑的知识在生活中的自然传承。比如,对于现代人来说,磁铁具有"同极排斥,异极吸引"的特性已经是常识了,生火、灭火的方法也是常用技能,连小孩子都懂得使用带有车轮的运输工具搬运物品可以节省劳动力,而这些在远古时代绝对算是高科技了。所以,把更多的专业知识变成妇孺皆知的常识,可以看作是人类文明进步的重要标志之一。如果可以把更多的知识放进感性脑,甚至使我们的表观基因发生变化,从而导致思维方式的遗传,则对于整个人类物种的进化,或许更具有实际的重大意义。实际上,经过一些科学家的研究,虽然有些小狗可以计算加法,但实际无论怎么训练,狗都不可能真正理解加法的意义,那只是特定的条件反射而已,而人类经过培养却可以熟练地掌握加法甚至更复杂的运算。人类与狗之间的这种区别是由基因决定的,人类的基因中包含产生数学思维的密码。可以想象,我们的祖先最初也是不具备数学思维的,可后来怎么产生的呢?这个过程中发生了怎样的故事呢?我们无法完全排除故事中包含了"把知识变成常识"这个情节的可能性。

我们常常说一个人具有很好的数学思维,其实也就是他把很多数学知识放进了感性脑,可以毫不费力地按照这些逻辑去思考问题。所以换个角度说,让知识进入感性脑,是培养一种思维方式,而不再是让知识浮于表面。

把知识放进感性脑的方法包括但不限于以下几种:

(1)在遇到必须用到该知识解决问题时学习了该知识;

(2)为了使解决某个问题变得明显容易而学习该知识,并且在不同的场景下多次重复;

(3)在轻松的气氛下学习,不要让学生感觉到这是要考试的内容;

(4)实验、实践,或对生活中的现象进行思考;

(5)在故事中了解相关知识(比如地理、历史、家庭教育等);

(6)为了用(包括娱乐)知识而学。

可能导致本可以进入感性脑的知识进入了理性脑的情况包括但不限于以下几种:

(1)死记硬背;

(2)在学习时感到压力、紧张。

我的一个学生曾通过电子教材努力学习办公软件的操作,甚至还做了一些练习案例,但她坦言,经常是学到头昏脑涨,最后什么也没记住,可当后来我交给她一些实际的处理文档的任务之后,她说感觉自己很快就掌握了这些常用功能。其实这并不奇怪,因为人的大脑更愿意为具有实际意义的事情付出努力。所以,"为了使用知识而学习"比"为了学习知识而使用"的学习效果要更好,这也许就是项目式教学在实践应用中效果良莠不齐的主要原因之一。当教师被要求采用项目式教学时,教师心里往往仍然牢记,让学生掌握知识才是根本目的,而项目只是个幌子,只是个形式而已。而教师内心的这种价值观会在教学过程中无形地流露出来,学生也会感觉自己就是在老师的"套路"下学习。而项目的设计呢?往往也因为设计者内心的"学习知识才是根本,项目只是个形式"这个观念,而略显牵强,有的时候为了满足原有教学大纲的要求,强加了很多项目本身不需要的知识点,同时也剔除了一些项目实际需要的内容,这些都与原有教学大纲的内容不符。这样一来,有些知识就显得多余,学生并不知道为什么要学,而因为省略了一些知识而使部分环节过于简化,让学生感觉整个项目不完整,其参与度也不高。

　　所以如果真正的想要采用项目式教学,就要真诚地重视项目本身的初衷,尽量避免原有教学大纲的限制,打开思路去设计。在教学过程当中,老师也要明确项目的真正目的是让学生高质量地、独立性地完成项目。至于这样做是否忽视了对基础理论知识的学习,大可不必担心。毕竟,人类学习知识的目的就是为了改造世界,如果我们已经实现了改造世界的目的,那对于知识的掌握程度又何必过分担忧呢?况且,我们常用的鉴别学生掌握理论知识水平的方法是考试,可考试成绩实际上根本就不能与实际掌握知识的水平完全画等号。如果一个人会使用知识解决实际问题都不能证明他掌握了知识,还有什么更能够证明呢?其实,有能力用知识完成项目的学生,已经对知识理解得非常好了,其对知识的理解往往远超过那些考试成绩较好,但从未经过项目训练的学生。如果出现了"能够很好地完成项目的学生在考试分数上并没有获得明显的优势"的情况,只能是有两种可能,一种是考试范围超出了项目所涵盖的知识范围,另一种则是考试的题目脱离了实际,即那些考试题目根本不是考查学生对知识掌握的情况,而是纯粹为了区分选拔考生而专门设计的。那些没有参加过项目而成绩却很好的学生,是专门接受了针对这种试卷的应试训练之后才取得的成绩,而这种优势也仅存在于考场上,对促进社会生产力发展的实际意义不大。再退一步讲,即使这样的项目式教学真的缺乏对学生理论学习能力的培养,那么也可以用少量理论课进行弥补。在实际教学中,我也发现少数学生有这种情况,他们在看到题目后很快就能得出答案,但却不会写解题步骤,实际上让他们的考试成绩提高是非常容易的,而对于那些大多数熟悉解题规范和基本步骤,但看到难题却没思路的同学而言,想提高成绩就困难得多了。

　　必须强调的是,以上仅是从追求教学实际效果出发讨论问题,并没有过多得考虑是否符合我国的实际国情,所以该思路在短时间内很难大范围实现,但可以作为主流教育的必要补充,为孩子的教育提供参考。

理性的思考

如果一个盲人想了解大象的形状,但仅被允许抚摸大象十次,那他选择什么部位抚摸,可以使了解的大象形状与实际情况最接近呢?

虽说"吾生也有涯,而知也无涯,以有涯随无涯,殆已",但我们总免不了希望在有限的生命里,尽可能多学习一些知识,从而更多地了解这个世界。我们对世界的探索如同盲人摸象,由于生命的短暂,仅可以摸有限次,我们该如何下手才有可能更多地了解整个世界呢?为了更好地回答这个问题,我们先来思考以下几个问题。

问题1:我有个学生来自西北边陲小城,那里民风淳朴,生活平淡而安逸,而她却考上了东南沿海某大城市的一所大学。在这个城市读书一年后,她突然对我说她不喜欢这个城市,我问她原因,她说感觉这个城市里的人都太过于功利了,不如家乡的人那么淳朴。这位同学的想法有问题吗?到底是哪里的人更好一些呢?

问题2:文艺复兴时期的意大利思想家,"日心说"的传播者布鲁诺因为追求真理,结果被教会在广场上活活烧死。古希腊哲学家苏格拉底因为追求真理而得罪了大量雅典市民,结果根据当时的法律,大家投票判处他死刑。是求真的精神让人类文明得以发展,但绝对求真的人却死了。一些人认为宗教教义中包含了很多无法证明的故事,甚至有人认为迷信色彩过于浓重。但我们不难想象,在远古时期,大量原本属于不同部落的原始人,由于相信同一个神的存在而聚集到了一起,在残酷的自然选择中,是团结使他们生存了下来。各种宗教中几乎都包含着大量无法证实,甚至不符合科学的故事,求真和求存看似矛盾,到底哪个更好,我们要做哪种人呢?

问题3:爱因斯坦认为世界是确定的,波尔认为世界是不确定的。他们都是诺贝尔奖获得者,他们的争论持续至今仍没有一个定论,到底谁是对的呢?

问题4:中医延续了几千年,而西医是以大量科学的实验研究作为基础的,而中西医之间也存在很多矛盾之处,到底哪个更好呢?

现在我们针对上面的几个问题来分析一下:

问题1的分析:东南沿海省份的人们,精明能干,导致了该地区经济活跃,甚至在一定程度上带动了整个国家经济的发展,经济发展所带来的红利一定会波及西北地区的这个边陲小城。而在全国范围内,有着大量的像这个小城里淳朴百姓一样的人,他们的生活平静而安逸,物质上略有盈余,同时又向往更美好的生活,为商业行为提供了肥沃的土壤,而东南沿海这些精明的商人则充当了种子的角色。这样一来,表面上看起来持有相互矛盾价值观的人们之间,实际上又是互利共赢的关系。同时,商人们如果极端的唯利是图,不顾消费者利益,市场则会淘汰他们,而消费者的认知水平如果不及时提高,也会被商人损害利益,所以他们之间又是相互制约的关系。总之,在二者博弈的过程中,消费者的认知水平不断提升(精神文明的发展),商人们不断优化生产流程和销售渠道,让商品变得更加物美价廉(物质文明的发展),社会就是在这样的矛盾运动中不断地滚滚向前。种子吸收了土壤的养料,你能说种子坏,土壤好吗?当然不能。我的学生从最初的困惑,到后来的茅塞顿开,这一切的变化在于我们在看到矛盾时不是盲目地、主观地排除矛盾中的一方,而是首先接纳存在的事实,然后才发现矛盾之间的对立统一关系,从而最终提升我们的认知水平。

问题2的分析:求真和求存,有时是相互矛盾的,但实际上又互为条件。因为,一方面只有存在才有资格求真;另一方面只有求真才能促进生产力发展,最终在灾难来临时提高生存的概率。这么一想,是不是感觉自己的格局都升华了?

问题 3 的分析:对于这个问题,虽然目前没人能给出统一的解释,但我相信,如果有一天二者真的能够被一个新的理论统一起来的话,那一定意味着人类物理学的巨大进步。

问题 4 的分析:我个人虽然有一些自己的看法,但我的理解既不严谨,也不完整,而且也有些过于惊世骇俗,所以不便在此展开。但总体上说,我认为中医和西医只是从不同的角度看待人体健康问题,同时它们采用了完全不同的思维模型,二者在不同时期、不同情况下对解决健康问题都有意义。所以,它们既相互矛盾,又互为补充。如果真的有一天,中西医理论可以被更有机地结合起来的话,相信人类的文明一定会再向前迈一大步。

到此,我们把这四个问题都分析完了,我们再回过头去看那个盲人摸象的问题。如果盲人把这十次机会都用来抚摸一个比较集中的部位,或许可以在局部获得关于大象更多的信息。比如可以对大象的腿部形状有更详细的了解,但因为他把这当成整个大象的形状了,就永远无法得知大象整体的高度和长度,同时,也更加不可能知道为什么大象的腿会这么粗壮,甚至完全不会去思考这个问题。但如果把这十次机会用来抚摸分散开来的不同部位,那么盲人就有可能了解到大象整体的大致样貌。值得注意的是,当盲人抚摸完大象的左边,再去抚摸右边的时候,如果他可以把二者统一起来理解的话,就得知了大象身体的宽度。相反,如果这两次抚摸部位相距较远,盲人仅凭经验认为世界上不可能有这么大的动物,从而拒绝接受这是同一只动物身体的不同部位的这个事实,则他就无法得知大象身体的宽度了。

以上的案例告诉我们,当我们对某些现实存在的现象、事物或者观点表示非常不接受时,我们可能会错过一个有效学习的机会。

当一个人从狭隘变得开明,那么就可以认为他进步了。当然这个过程需要经历不确定阶段和迷茫阶段,这往往会让人感觉不那么舒服,可能由此会淘汰一批坚持不下来的人,所以并不是所有人都能持续进步。比如问题3和问题4,到目前为止也没有被一个完美的理论所整合,但我们如果因为不愿接受这个过渡状态,而为了追求简单确定的答案而排除了其中一方观点,可能就错失了一次进步的机会。

那么,要想从小培养孩子开明的思想,可以尝试拓宽孩子的视野。比如,可以从空间、时间、观念、思维模式等维度入手,在发现迥异的现象同时,又去寻找这迥异背后的关联之处。

比如,让孩子接触到不同地区的文化,看到不同地区人的生活方式和价值观的差异,在孩子小的时候就对这种人与人之间的巨大差异习以为常,以后在遇到和自己习惯乃至价值观相悖的人或事就更容易接纳了。而且越是接触到两种相反的事物,就越有可能促使孩子获得思想升维的机会。比如,一个出生在广州的孩子到了东北之后,发现东北人都喜欢吃炖菜,而且口味偏油腻,这和自己家里的习惯完全不同。小孩子比大人有一个优点,就是当他看到和自己习惯不符的现象时,他不是简单排斥,而是会感到好奇。如果孩子善于思考或者有大人引导的话,他很快就会发现,由于东北天气寒冷,炖菜由于多汤汁,所以在端上饭桌之后可以在更长时间内保持较高的温度。油腻的食物含热量较多,刚好可以帮助当地人抵御严寒。而南方人的饮食习惯是否也与当地的气候有关呢?这显然为孩子的思想打开了一扇大门。当他开始寻找这些现象背后的原因时,他的思想就从了解"不同地区人的不同习惯"这个维度上升华到了思考"各地方习惯形成的原因"这个维度上。不同地方人的习惯不同,但原因却可能相同,即都是为了适应当地的环境。顺势引导,家长可以给孩子讲《道德经》中的"人法地"的内涵,这样是不是也就可以让孩子喜欢上《道德经》了呢?这样的一次经历甚至可能为孩子开启国学智慧的大门,使他对国学的印象不再是晦涩难懂,而是字字珠玑了。而对于大家关注的孩子功课问题而言,当他学习地理知识时,他也更可能习惯性地寻找形成各个地方特征的原因,从而可以通过理解去学习;相反,如果之前没有这样的经历,他更可能去直接死记硬背了。而这只是在国内的范围扩大了孩子的视野,如果将这个范围拓展到世界,乃至整个宇宙,那结果又将如何呢?而这些不仅需要孩子有接触更多事物的机会,更需要有思想的人去引导。因此,无论是家长还是教师,都有责任丰富自己的内涵,以便更好地去引导孩子。虽然不是每个孩子都有机会去各地游历,但读书的机会却是更容易获得的。选择阅读以全国乃至世界各地为背景的优秀文学作品,也可以一定程度上弥补不能真正身临其境的遗憾。

很多家长非常认同增长孩子的见识是好事,但却很少了解其到底好在哪里,甚至一部分家长认为那只是让孩子看起来更博学多才,或者考试有个好成绩而已。实际上,来自不同时间和空间的信息如果不能使我们的思想升华的话,那真的没必要花那么多时间精力去学习它了,因为那样得不偿失。

至于不同的观念引起的思想升华,前文已经提到了几个例子。至于思维方式,其实在本书的最开始有个典型的案例,我们曾认为科学可以解释一切,但面对一些生活中的问题,的确很难用科学解释,或者说,无法用我们印象中的科学解释,此时是否需要拓展科学的边界呢?如果拓展了,我们的思想就再次得到了升华。

本节一直在强调知识广度的价值,可能有人会误以为作者忽视了专、精的价值。然而并不是这样,我们对世界的认识通常都是从简单到复杂的,然而在了解了世界的复杂之后,如果又能从中总结出简单的道理来,比如至少我们可以从前文中的问题1和问题2中总结出"相克相生"的道理。然而我相信,如果在未来的某一天,问题3和问题4也得到合理的解释时,在很大程度上也可能呈现出同样的道理,这就是从复杂回到了简单。我们常说"大道至简",但实际上,往往需要经历了复杂之后,再回归到简单。此时,如果在某个专、精的领域中深耕才更可能获得惊人的成就。毕竟,这个世界中普遍存在"分形"的现象,而早在两千多年前的中国古代就有人提出"其大无外,其小无内,此之谓至贵"[①]的观点。当思路打开才会发现在这个世界上,很多看起来互不相干的事情之间往往存在着内在的联系。

[①] 出自《吕氏春秋·下贤》,意思是指,道大至无所不包,小至微乎其微,这就是最珍贵的东西。

后记

2018年,在接到某出版社的约稿邀请时,我做家庭教育讲师还不到两年。虽然课程比较受欢迎,但内容深度不够,广度也不够,更谈不上系统。尽管我很希望通过这个机会来分享自己的教育心得,但在经过半年的努力后,写出来的书稿自己并不满意,出书的念头也自此打消。从某种意义上讲,这或许是我经历的一次挫折,但也帮助我调整了心态,使我能更安心地做好教育的学习、研究与实践等工作。所以,我要特别感谢当时给我提出中肯建议的陈定天编辑。

2021年12月14日,没有接到任何人的邀请,但我就是突然特别想写,于是每天以3000~5000字的速度推进,到2022年1月14日,刚好一个月,9万多字的初稿就完成了,原名为《家庭教育的深度思维》。这次写稿与上次相比,不仅轻松、畅快,而且我在写作的过程中常常会经历"心流",在质量和效率上都有了质的飞跃。原来,写书和教育孩子是一样的,在时机不成熟时,再着急也没用。对于父母来说,培养孩子也一样,孩子小的时候也只需要做促进孩子心智成长的事情,时机到了,花自然会开。

当积累到一定程度时,不吐不快,写书就变成一件很快乐且轻松的事情;相反,如果是为了个人利益或某种商业目的来完成,那或许就是另一种感觉了吧。虽然本书还有很多论述不严谨、不完善、不深刻的地方,但至少这是我写的第一本书,它让我走出了第一步。我希望能通过这本书结识更多的老师,自己也能从中获得更多的启发和享受。

在本书孕育的过程中,我要感谢的人和事太多了。

我要感谢自媒体时代,让我轻而易举地获得了很多学习的机会,也可以方便地和广大家长及学生交流,在不断地输入和输出中,让我快速地完成了知识的初步迭代。喜马拉雅 FM 是我入驻的第一个自媒体平台,樊登读书会(现更名为帆书)也让我的认知水平获得了升华。

我要感谢冯煜医生。我与冯医生于 2019 年 10 月相识,在就诊的过程中,他拓展了我的认知边界,使我得以从中医理论的角度去思考家庭教育问题,在写作的过程中,他为我提供了健康保障,使我得以将更饱满的精力投入写作当中。

我要感谢我的学生魏迪轩,她是个非常较真的人,为了向她阐明我的一些观点,我不得不绞尽脑汁,搜索最生动的例子,用最严谨的表达方式,这也使我得以将一些原本模糊的思路梳理得更加清晰。

我还要感谢蔡昂融老师和郭红蕾老师。他们在我写作的过程中,为我提供了非常宝贵的建议,他们是我的良师益友。

完成初稿后,又经过了几次大幅度的修改,在对稿子比较满意的情况下,我联系到了母校西安交通大学出版社的编辑祝翠华老师,在编辑同志的悉心指导下,我再次对稿子进行修改,最终得以完稿。

完稿之后，现中国心理学会常务副秘书长梅建教授又给了我一个大大的惊喜——他在百忙之中，认真地阅读了我的书稿，并为本书写了推荐序，对我的工作给予了高度的认可。这是我在从事家庭教育工作六年以来，首次受到来自行业学术权威人士的公开认可，对我这个理工科出身、改行做家庭教育的人来说，意义非凡。

在此，除了感谢梅建教授的不拘一格之外，我更希望广大教育工作者和教育爱好者能够看到，这是一个开放的时代，一个英雄不问出处的时代。只要你不懈地努力，终会有所成就，那么无论你是学院派还是自由派，都有可能获得权威的认可，也都有机会更大程度地实现个人价值。

由于我水平有限，本书中可能会存在一些尚未发现的谬误和不足，敬请广大读者批评指正。

作者

2022 年 11 月 20 日于广州